OKR工作法

高绩效管理秘籍

江乐兴 ◎ 著

河北出版传媒集团
河北教育出版社

图书在版编目（CIP）数据

OKR 工作法：高绩效管理秘籍 / 江乐兴著 . -- 石家庄：河北教育出版社，2020.11
ISBN 978-7-5545-6113-3

Ⅰ. ①O… Ⅱ. ①江… Ⅲ. ①企业绩效—企业管理 Ⅳ. ① F272.5

中国版本图书馆 CIP 数据核字（2020）第 207342 号

OKR 工作法：高绩效管理秘籍
江乐兴　著

责任编辑　吴文轩
封面设计　尚世视觉
出版发行　河北出版传媒集团
　　　　　　河北教育出版社 http://www.hbep.com
　　　　　　（石家庄市联盟路 705 号，050061）
印　　刷　鸿鹄（唐山）印务有限公司
开　　本　880mm×1230mm　1/32
印　　张　8
字　　数　165 千字
版　　次　2020 年 11 月第 1 版
印　　次　2020 年 11 月第 1 次印刷
书　　号　ISBN 978-7-5545-6113-3
定　　价　58.00 元

版权所有，翻印必究

前言

1971年，英特尔公司首创OKR企业管理办法，OKR即目标与关键成果管理法。随后在美国风险投资界四大巨头之一的约翰·杜尔的推动下，谷歌公司优化重构了公司行政与员工管理的办法，并形成了如今的OKR管理模式。

简单地说，OKR绩效考核就是将目标划分到人，由单个个体对所定的目标负责。比如，企业以月为单位，为每个员工安排既定的任务。然后，员工享有充分的自主选择权，可以自由地采用自己擅长的工作方式来完成任务。因为在OKR模式下，企业更关注员工的工作结果，而非过程。

OKR工作模式的优势就是员工能够清楚地知道自己应该做什么，员工的一切工作都在朝着既定的目标迈进。因此，即使员工出现些许偏差，员工也能参考既定的目标，快速修正。这种模式对于团队效率的提高与员工工作成就感的提升大有裨益。

虽然，在OKR模式下，企业员工拥有更高的自主选择权。但实际上，这种模式对员工提出了更高的要求。OKR管理要求员工要有很强的计划能力、执行能力和企业文化建设能力。因此，在OKR管理模式中成长起来的员工，普遍比传统模式下的员工素质更高。

与此同时，OKR管理模式也是黏合企业与员工的一块胶带。OKR管理模式中目标透明，有能力者居上，这能激发员工的工作幸福感与成就感。OKR管理模式对既达目标者的福利奖励，提升了员工的工作热情，降低了员工跳槽的意愿。

OKR管理模式的魅力远不止这些，如果企业引入OKR管理模式，会有哪些收获呢？

（1）员工间的协作能力得到提升。为了达成目标，团队成员之间会相互配合，相互帮助。

（2）员工永远明确下一步应该怎么走。有了既定目标在前指引，员工的一切工作也会向着目标前进，工作中的偏差与失误将会大幅减少，工作效率得到提升。

（3）员工能够保持对整体计划进度的同步。员工目标一致，共同为实现某个目标而努力。

（4）企业目标清晰有定力，避免企业成员被竞争对手牵着鼻子走。

（5）员工思考方式变得更有条理，注意力更集中。

（6）工作流程透明，避免了重复工作和低效工作。

（7）企业增强对环境的适应能力。在OKR管理模式中，每一个目标周期都面临复盘和下一周期的目标制定，因此企业会密切关注市场环境的变化情况和员工的完成情况，从而具有超强的环境适应能力。

在实践中，OKR管理模式还有更多的优势待发掘，这一模式自问世以来就受到众多企业家的追捧。国际顶尖互联网公司谷歌就通过采用OKR管理模式，打造了一流的管理队伍，保持了谷歌业绩长盛不衰。

而对创业者而言，初具框架的创业公司与谷歌这样的国际化成熟大公司相比，在资产、经营、人员规模上，都是比较小的经济单位。目前国内的创业公司数量非常多，几乎每个创业公司都会雇佣批量员工，为保证经济腾飞与国民就业贡献了不少的力量。但是，这些创业公司也面临不少困境。房价和租金成本的居高不下、人力资源成本的节节攀升、海外企业的强势扩张，无不对国内的创业者造成冲击。企业应该如何经营，企业员工应该如何管理，才能提升自身竞争力突破难关，已经成为创业者的一块心头病。

想要解决上述问题，加强管理是关键。创业型公司必须选取正确的管理模式，严格执行管理规范，提升管理水平。而后才能提升员工的工作效率，激发员工的工作热情，减少员工的工作失误，从而增加收益，减少成本，获取利润。

基于此，我们撰写了这本书，来除去创业者的心头病，并帮助创业者在激烈的市场竞争中，通过提升管理水平，来获取利润和抢占更大的市场。本书共分为三个阶段：OKR的起步阶段—实施阶段—实战阶段。本书从OKR的前世今生以及启动OKR之前所要做的准备工作开始讲起，为广大创业者讲述了企业在实施OKR的过程中所遇到的种种疑难杂症及应对方法，帮助企业在OKR的实施阶段规避错误与风险，明确企业目标，直至完成行动计划，最终在实战阶段将OKR更好地运用在企业管理与考核中，通过实施OKR让企业取得更好、更快速的发展。

总体来说，本书具有以下三个特点：

（1）本书结构脉络清晰，语言精炼简洁，叙述深入浅出。

（2）本书中引入了大量的图片，以更为直观的形式将信息呈现给读者，让读者读起来一目了然，印象深刻。

（3）本书不仅仅有高屋建瓴般的理论框架，而且有具体的案例做指导，能够帮助读者更好地了解OKR模型在不同情景下的运用，引导读者在阅读后能即学即用，快速提升管理水平。

诚愿读者在阅读本书后，能够有所学，有所得，在管理知识储备和管理实践上，都能上升一个台阶。

目录

PART 1　OKR 起步阶段

第 1 章　开始了解 OKR，OKR 的由来　1
OKR 是什么　2
OKR 的历史发展　5
OKR 的基本思想　9
OKR 的基本规则　15
OKR 与 KPI 是什么关系　19
OKR 适用于什么公司　23

第 2 章　启动 OKR 前的准备工作　26
为什么实施 OKR　27
OKR 的实施层面与方案部署　31
OKR 的计划与实施　37
明确 OKR 框架　41

PART 2　OKR 实施阶段

第 3 章　明确目标 O，拆解目标达成的方向　53
分解目标，找到关键的那个 O　54
OKR 目标的黄金圈分解法则　60
制定 OKR 目标，初学者常常犯的错　64
OKR 目标制定流程　68
让 OKR 目标不断激励员工　73

第 4 章　创建目标的关键成果——KR　78
一文看透 KR　79
KR 设计和执行中常犯的错误　86
如何找到最佳的目标达成路径　93
"世界咖啡"让 KR 浮出水面　100

第 5 章　To Do，制定每个 KR 的行动计划　104
有效的 KR 必须具备的特征　105
制定出有效 KR 的技巧　108
如何完整地设置关键成果 KR　112
落实 KR，进入执行阶段　115
参与 KR 的成员要各司其职　118
KR 在执行过程中要适当调整　121

PART 3　OKR 实战阶段

第 6 章　OKR 与常态化管理　125
OKR 执行比制定更重要　126
OKR 周例会和季度评估　128
OKR 会议的后勤保障　137
OKR 会议必知技巧　140
OKR 与执行软件　144

第 7 章　影响 OKR 的关键事项　150
做好目标管理　151
做好双向沟通　156
做好 OKR 公开透明　159
做好 OKR 评分　163
做好 OKR 周期设定　166

第 8 章　个人 OKR 的制定流程　170
个人 OKR 要与公司 OKR 相联结　171
制定个人 OKR 的注意事项　174
制定个人年度 OKR 的方法　177
不同级别的人如何制定个人 OKR　184
常见职位的 OKR 参考模板　191

第9章 企业OKR的日常运用 203
  大企业的OKR导入实操 204
  企业OKR的制定原理 213
  团队OKR执行的社交化辅导 220

第10章 名企的OKR应用案例 225
  Google，五百强中的佼佼者 226
  YouTube，市场份额的占有者 230
  Motorola，凤凰涅槃的重生者 233
  Facebook，品牌价值的领先者 237
  LinkedIn，职业社交网站的领跑者 240

PART 1

OKR 起步阶段

第 1 章

开始了解 OKR，OKR 的由来

在引入 OKR 模型之前，深入了解 OKR 永远是第一步。你需要知道 OKR 是什么、OKR 的前世今生、OKR 的基本思想与原则。只有在弄明白上述问题之后，你才能揭开 OKR 的神秘面纱，领略 OKR 管理模型的魅力。

OKR 是什么

最近，很多公司都在推行 OKR 工作法，但是跟风推行与真正了解之后再推行，其效果必然不同。因此在推行 OKR 之前，我们先要真正地了解 OKR 到底是什么。

OKR 是 Objectives 和 Key Results 的简写，即目标与关键成果法，是根据企业管理理念和实践进行经验总结，可以明确和跟踪目标及其完成情况的一种管理工具和方法。简单来说就是公司确立一个使命，之后围绕这个使命明确目标以及关键成果的一种工作方法。比如我们的目标是做电商销售，关键成果就可能是一天的网站访问量、一天的成交量、一年的营业额等。

通过图 1-1，我们可以了解 OKR 工作法的具体内涵以及作用。

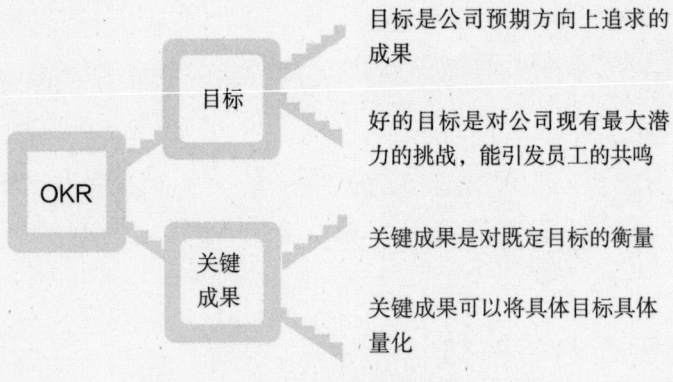

```
                    ┌─ 目标 ──── 目标是公司预期方向上追求的成果
                    │
                    │           好的目标是对公司现有最大潜
          OKR ──────┤           力的挑战，能引发员工的共鸣
                    │
                    │           关键成果是对既定目标的衡量
                    └─ 关键成果
                                关键成果可以将具体目标具体
                                量化
```

图 1-1　OKR 工作法的具体内涵以及作用

更具体一点来说，通过OKR工作法我们可以全面协调个人行动与战略目标；可以制定员工生产计划并跟踪进度及计划实施情况；可以协调个人与团队之间重要事件及业务的优先处理顺序；可以帮助我们专注于最重要的目标，避免被看似紧急却次要的目标分心。不过实现这一切的前提是设计有效的OKR工作法。

什么是设计有效的OKR工作法呢？有效的OKR工作法是可以完成、可以控制、告别管理上形式主义的一种激励性质的管理工具，可以帮助公司识别最重要的目标、最优的实现手段，并在日常工作中做好权衡。

一、OKR工作法的两大组成部分

鉴于OKR工作法主要包括目标与关键成果两部分，所以有效的OKR工作法设计必然是从这两方面进行的。

1. 目标

目标是公司所要达成的成就，因此其设定必须是有形、客观和明确的，也就是说目标成功实现后，一定可以为公司带来明确的价值。如果只有进取心，设定了一个非常大的目标，却没有认清这个目标无法实现的现实，那么这个目标设计就失去了意义，只是一种假、大、空的想象。

2. 关键成果

关键成果在OKR工作法里代表我们应该怎么做，不过这个怎么做不是具体的工作方法，而是描述成果，即根据目标设定可衡量的里程碑事件，通过这种渐进的里程碑事件，一件一件积累下来可以实现我们所制定的最终目标。

二、OKR工作法的两种表现形式

除了组成部分，我们还可以通过OKR工作法的两种表现形式——愿景型OKR和承诺型OKR，来进一步了解OKR到底是什么。

1. 愿景型OKR

愿景型OKR是一种以我们的预期为主的OKR工作法。在制定愿景型OKR时，我们的愿景要高于公司员工的执行能力。也就是说，我们虽然可能并不清楚如何实现这个愿景以及实现愿景所必需的资源，但是要结合公司员工的执行能力，制定出尽量能达到的最大化愿景。

在我们的OKR列表中，愿景型OKR只要还没有完成，就要一个季度跟着一个季度推进，始终存在于OKR列表中，直到最终完成时再制定新的愿景。如果这个愿景有实现的可能，只是一时无法完成，那么千万不要删除它，否则容易打乱愿景的优先次序，误判资源的可获得性或导致问题理解的片面化，从而影响愿景型OKR的实施。

2. 承诺型OKR

承诺型OKR是我们通过调整工作时间、资源配置等一定可以实现的 OKR，并且是每个 OKR 指标预期都可以实现。如果目标制定之后却无法实现，那么表明公司在制定计划或者执行计划时存在失误，公司一定要查明计划未完成的原因，解决这个问题，并对公司团队进行升级。

这个升级是全面的，包括 OKR 的设定、优先顺序、时间、人力、资源等一系列内容。

> 总而言之，OKR 工作法是一个非常宏大且呈渐进性的管理方法。除了承诺型 OKR 之外，它所设定的目标并不一定会全部实现。如果无法全部实现，主要目标实现即可。

OKR 的历史发展

OKR 工作法不是一天形成的，而是经过了很多人、很长时间的整理与实践形成的，所以了解其发展历史对更深层次地了解 OKR 十分有意义。在它的历史发展中，有三大不容忽视的阶段，如图 1-2 所示。

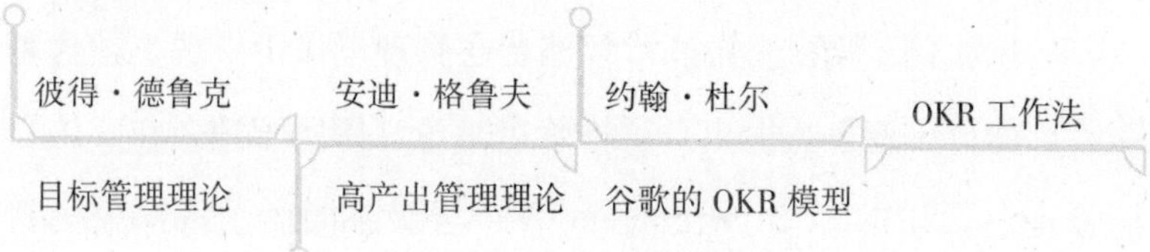

彼得·德鲁克	安迪·格鲁夫	约翰·杜尔	OKR 工作法
目标管理理论	高产出管理理论	谷歌的 OKR 模型	

图 1-2　OKR 的发展历程

一、目标管理理论

目标管理理论是现代管理大师彼得·德鲁克根据目标设置理论提出的目标激励方案，其核心是所有工作都应该为实现公司期望达到的绩效目标做出贡献。这一目标管理理论源自"三个石匠"的工作描述。

话说有三个石匠，他们对自己的工作描述是这样的：第一个石匠说自己是在养家糊口；第二个石匠说自己在做全国最好的石匠工作；第三个石匠说自己在建造一座大教堂。听了三个石匠的描述，很多人都说第三个石匠最有可能成为管理者，而第一个石匠则可能一辈子都是石匠。

但是彼得·德鲁克却认为被人们忽视的第二个石匠的描述，才与大多数管理者不谋而合。因为现实中的管理者大都致力于成为自己所在领域的专业人士，并且用这样的标准去衡量和评估他们的下属。他们的管理之所以没有那么成功，是因为他们对自己的专业水平过分注重，而忽略了帮助公司实现终极目标及实现目标的方法才是其应该关注的焦点。

正是为了改善和消除公司管理者在管理工作中出现上述这种问题，彼得·德鲁克提出了目标管理理论，阐明管理者在实施目标管理时要做的事情，比如公司各个层级共同商量得出公司目标，并通过与目标相关且简单合理的自我管理方式来评估个人绩效。自此,他的观点奠定了 OKR 工作法的理论基础。

二、高产出管理理论

后来,曾任英特尔总裁的安迪·格鲁夫在管理公司的过程中发现彼得·德鲁克提出的目标管理理论可以给管理带来便利,给公司带来益处,所以他开始使用目标管理法管理公司。

在使用过程中,安迪·格鲁夫结合英特尔的具体情况,对目标管理理论做了改进,提出"管理杠杆率"概念,把有限的精力放在最能提高公司利益的几个最重要的目标上;培养员工的自我管理能力,让几个最重要的目标具有自上而下和自下而上的双向互动过程;改变以前常见的以年度为周期的目标设定频率,改为以季度、月度等更短的周期为主;目标设置得更具挑战性,以此提高员工的工作效率。

安迪·格鲁夫将以上这些改进整合为高产出管理理论,在目标管理理论的基础上进一步发展了 OKR 工作法。

三、谷歌的 OKR 模型

约翰·杜尔被誉为谷歌的"OKR 之父",他曾经在英特尔公司工作,对于目标管理理论、高产出管理理论均有深刻的认识。进入谷歌工作之后,约翰·杜尔在实践过程中不断完善这两大理论，形成了现在的谷歌 OKR 模型。

谷歌将公司的 OKR 分为四个层级，如图 1-3 所示，下面的每一个层级目标都围绕上一个层级目标展开。

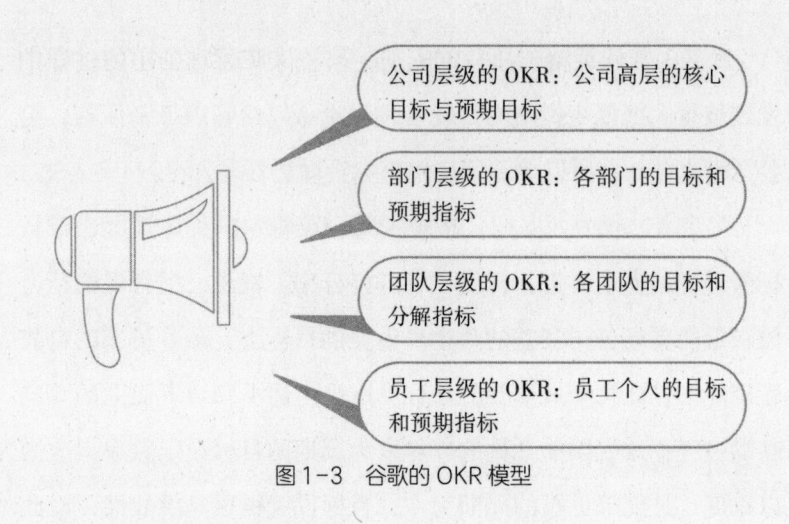

公司层级的 OKR：公司高层的核心目标与预期目标

部门层级的 OKR：各部门的目标和预期指标

团队层级的 OKR：各团队的目标和分解指标

员工层级的 OKR：员工个人的目标和预期指标

图 1-3　谷歌的 OKR 模型

从 1954 年彼得·德鲁克提出目标管理理论，到 1971 年安迪·格鲁夫总结出英特尔的 OKR 模型，OKR 工作法经过了 17 年的实践与发展，逐渐被谷歌、百度、优步、推特、亚马逊、领英等多个知名公司接受并使用。现在 OKR 管理法越来越成熟，开始走入更多的公司，为更多的公司发展做出贡献。

OKR 的基本思想

现在很多公司都在谈 OKR，但是它们所谈的往往是谷歌的 OKR 模型。作为公司的领导人，一定要清楚一点，不是所有的公司都是谷歌，谷歌适用的 OKR 不一定适用于自己的公司。所以，我们应该了解 OKR 的基本思想，让 OKR 融入自己的公司，形成适合自己公司的 OKR 工作法。

什么是 OKR 的基本思想呢？它是 OKR 的灵魂与脉络，是正确使用 OKR 的根本。具体来说，OKR 的基本思想可以归纳为以下几点：

一、OKR 是一种聚焦目标的思维

很多人经营企业无法成功，往往与目标思维不够聚焦有关。所谓聚焦思维，考验的是公司管理者对目标的选择与取舍。很多公司想要核心目标与外围目标共同发展，但是在资源、精力有限的情况下，这样宏大的目标很难达成。OKR 工作法正是针对这一点，提出重塑管理者思维，以聚焦思维来看待问题。

以现在发展得比较好的苹果、麦当劳和可口可乐公司为例。苹果的产品在全球的销售量很好，甚至可以说是一度辉煌，这与

它聚焦技术研究、砍掉生产制造这些外围产业密切相关。只有集中精力掌握核心技术，才不怕竞争者的超越。麦当劳也是如此，我们都知道麦当劳开遍全球，但是很少有人知道麦当劳的总部只有不到一百位员工，其采取劳务合作方式，发展的同时又不会为人员所累。可口可乐我们可能都喝过，却不知道可口可乐公司这么多年来只提供配方，所有的生产都是外包的，但是这并不妨碍它的产品卖遍全球。所以我们才说几乎所有的事物都有核心与外围之分，只有懂得用聚焦思维掌握核心者，才是大成者。

OKR 工作法采用聚焦思维，体现在它的 O 是最优目标，而 KR 是关键成果。最优目标很容易理解，在公司制定的一系列目标中，肯定有一个目标是最为优先的。那么我们找出这个最优目标，把公司的资源、精力等都集中在最优目标上，优先把它完成，接下来再去制定下一个最优目标。这样聚焦一个目标并且集中所有资源去完成它，比把资源分散开来同时完成几个目标更容易，也更快速。

关键成果自然也很容易理解，即我们应找到对于要完成的目标所采用的哪些策略或者措施是最关键的。比如现下非常火爆的网络销售，引流、提升转化率是其增加盈利的关键成果，虽然其他策略或者措施也可以达到这个目的，但是对于网络销售而言，有大量的流量和较高的转化率才是最为关键的。

最优目标与关键成果的制定都依赖于管理者的眼界、经营思维和专业判断，所以建议管理者要多多充实自己，方能熟用 OKR 工作法，让自己拥有的敏锐眼光与思维带领公司走到更高的地方。

二、OKR 是一种公司、团队与个人的协同思维

为了提高管理效率和绩效，过去大多数公司都采用分工、分权、分利的管理与工作方法。但是随着互联网与经济全球化的发展，曾经各自为战的方式早已不再适用，越来越多的管理者认识到既要分工细致，又要协同合作的重要性。OKR 工作法运用的正是公司、团队与个人的协同思维，即把企业看作一个整体，共同努力。

这里给大家举个非常简单的例子——"负荆请罪"。也许老生常谈，但它非常形象地说明了协同的重要性。正因为蔺相如懂得文臣武将齐心协力，才能保证国家强大的道理，才有他数次退让，感化廉颇，最终使二人共同保卫和发展赵国的故事流传下来。

OKR 工作法更为缜密，从上至下、从下至上、横向之间，无论哪个层级的 OKR 设置，都以公司的 OKR 为准，讲究 360 度协同。更具体一点来说，下级的关键成果是根据上级的目标制定的；上级的目标制定会考虑下级的能力，起码是通过激励下级可以达成的目标，而不是完全不考虑下级而制定出来的不切合实际的目标；各个层级之间根据自己的具体情况制定 OKR，并使自己的 OKR 随时与公司的 OKR 保持一致，与此同时各个层级之间又可

以协同合作，使 OKR 出现 "1+1 > 2" 的效果。

不过想要实现 OKR 工作法的协同思维，需要管理者充分尊重一线员工，并且做到一诺千金。充分尊重一线员工很容易理解，但却容易被很多管理者忽视。要知道，一线员工与最基础的业务和客户都有接触，他们了解业务中经常出现什么问题，客户为什么会流失，现在的瓶颈是什么，所以千万不要小看他们的能量。

一诺千金则是 OKR 工作法中比较强调的一点，在施行 OKR 工作法时，发自内心的承诺可以引起共鸣，让公司上下万众一心，只有如此才能实现真正的协同。而为了保持这种协同，管理者一定要兑现当初的承诺，否则失了民心，再推行 OKR 就不会有那么好的效果了。

三、OKR 是一种成长型思维

斯坦福大学教授卡罗尔·德韦克提出人有两种思维，一种是成长型思维，一种是固定型思维。为此，他做了 40 多年的研究，最终得出思维决定命运的结论。那么，这一结论是如何得出的呢？

卡罗尔·德韦克找来一群孩子，给他们出示了一系列难度递增的智力拼图，然后发现这群孩子分为两个类型。一个类型是后来被认定为固定型思维的孩子，他们在玩智力拼图时出现惧怕挑战、恐惧变化、关注限制、害怕失败的特点，遇到问题往往归结于运气不好或者能力不足，不会想办法解决问题，任由自己走上平庸之路。另一个类型则是后来被认定为成长型思维的孩子，他们在玩智力拼图时喜欢挑战、拥抱变化、寻找可能、从失败中学习，遇到困难时有足够的自信去解决困难，越战越勇，最终走向成功。OKR工作法所推行的就是这种不断挑战、不断变强的成长型思维。

OKR工作法有严密的思考和实施框架，意在提升绩效，它的目标与关键成果制定都与绩效挂钩，其成功与否要用成果来证明，所以它的制定不是漫无目的的，而是始终以促进公司成长、实现利益的更大化为准则。与此同时，想要发展就要走出舒适区，OKR工作法鼓励管理者大胆设定目标，并为目标实现提供切实可行的方法与评判标准，有理有据地帮助个人、团队与公司提升能力，带来成长。

四、OKR是一种敏捷型思维

敏捷可以说是我们现在身处的这个信息爆炸时代所必需的特质。比如上网，我们希望网速流畅不卡顿；比如转账，我们希望一秒钟就到账。这种敏捷是我们希望别人所能做到的敏捷。对于公司来说，敏捷是灵敏地感知环境变化，并可以快速应对，以适应这个变化加速时代的有效方法。

为什么我们说OKR工作法是一种敏捷型思维呢，是因为OKR制定时有一定的逻辑，而且这个逻辑是通过数据验证的。既然要进行数据验证，对于数据的持续跟踪、分析、检验和刷新就必不可少，为了数据能够更准确，自然要提升自己的敏捷度。加之在现在这个快速变化的时代，固定不变或者特别长期的战略规划已越来越不适用于公司的发展，讲究最优目标与关键成果、在较短周期内不断迭代更新的OKR工作法所体现的敏捷型思维更利于发展。

五、OKR是一种结构型思维

我们都知道，无论一种管理或者工作方法多么厉害，都不能代替管理者做出正确的判断。因为每家公司的情况都不一样，管理者自己才更了解自己的公司，并且可以根据公司的具体情况，结合自己的思维模式、经验及专业才能找到正确的前进方向。

看到这里你可能会问，那OKR工作法不就没什么作用了吗？我的回答是并不是。OKR工作法体现的是一种结构型思维，它可以把你的想法、思考与判断整理并归纳到目标与关键成果之中，形成一个系统的结构框架，让你的想法有了切实可行的依据。

比如约翰·杜尔曾经说过，他要与摩托罗拉6800相对照，制定一个展示英特尔8080处理器卓越性能的计划，于是他利用OKR将他设定的目标准确地描述出来，帮助他顺利完成了这一项目。这个OKR是这样的：

O：展示英特尔 8080 处理器的卓越性能（与摩托罗拉 6800 相对照）。

KR1：编写 5 个基准程序；

KR2：开发 1 个样本；

KR3：为现场人员编制销售培训材料；

KR4：与 3 位客户联系，证明材料可以使用。

正是这种"O（一个最优目标）+KRs（几个关键成果）"的结构型思维，让目标变得有据可循，更加切实可行。

OKR 的基本规则

通过前文的讲解，相信大家对 OKR 工作法已经有了很大的了解。O 代表我们要去哪里，KR 代表我们如何到达那里。为了更好地找到目的地、到达目的地，了解 OKR 的基本规则也是不容忽视的关键。OKR 的四项基本规则如图 1-4 所示。

图 1-4　OKR 的基本规则

一、野心要有实际意义

在通过 OKR 工作法来制定目标时，我们要有一定的野心，但是这个野心要遵循一定的原则：制定的目标要具有挑战性，不能轻轻松松就完成了，这样就失去了通过制定目标给公司带来更大发展的意义了；同时这个目标又不能太有野心，是公司现有资源无论如何整合都达不到的，这样制定目标同样没有意义。因此我们才说 OKR 想要顺利设置，就要让野心有实际意义，简单来说就是"跳一跳，够得着"。

二、设置要适当

在设置 OKR 时，一个周期内的目标最好不要超过 5 个，每个目标的关键成果最好不要超过 4 个。如果目标超过 5 个，容易让员工失去方向，如果关键成果超过 4 个，执行起来会增加困难，降低效率，所以一定要注意。

如果刚开始设置 OKR 时你把握不准目标与关键成果的数量，可以套用硅谷很多公司经过长期实践得出的最佳原则——三三原则，即在周期范围内，目标数量设定为 3 个，每一个目标的关键成果数量也设定为 3 个。

除此之外，所有的目标与关键成果在制定时都要经过协商，得到大家的一致认同。不要太过追求完美，能 100% 完成当然最好，但是完成度在 60%-70% 已经算好了，如果完成度低于 40% 则说明 OKR 设置有问题，目标没有完成。

OKR 虽然与绩效挂钩，但它是提升绩效的手段，不是评估绩效的依据，千万不要单纯用 OKR 来评估绩效。

三、注意时间

OKR 设置时需要有一个明确的达成时间，这个时间可以是一个季度、半年或者一年，不要太短也不宜太长，不然都容易影响 OKR 的设置与达成。

另外需要注意的是，OKR 最好在周期内完成，仅仅十分有必要时，才在下个周期继续保留未完成的目标和关键成果。比如设置的目标和关键成果一定可以达成，只是因为突发原因导致这个周期没有达成，若突发问题已经解决或者努力一下在下个周期可以完成，那么这样的 OKR 就可以保留到下个周期。

四、公开透明

OKR 能顺利实施的必要规则就是公开透明，大到公司的 OKR，小到员工个人的 OKR，都要公开透明，让公司每个人都清清楚楚。因为公开透明是推动实现 OKR 价值和收益的关键。

1. OKR 公开透明可以激发目标承担者的责任感

因为公开透明的 OKR 就像我们的朋友圈一样,"晒"给公司所有人看,在众人的监督下,你必须随时关注、更新 OKR 进度,这无形中增强了目标承担者的责任感,推动 OKR 更好地执行。

与此同时,责任感会提升员工的敬业度,让员工看到别的员工、团队、公司的目标与自己的关联度,感受到更强的工作意义和价值,进一步推动 OKR 执行。

2. OKR 公开透明可以提升公司的团结协作

团结协作几乎是人人都知道的常识,但是在工作中真正做到却很难,毕竟竞争也是职场的常态。而 OKR 的公开透明可以很好地解决这一问题。站在公司角度,OKR 公开透明可以让管理者更清楚地看到员工正在投入精力去实现的重要目标,如果这个目标有重叠,管理者可以及时地将员工整合在一起,既能避免资源浪费,又能提高目标达成速度。

站在个人角度,OKR 公开透明可以让员工了解彼此的目标与进度,学会配合与沟通,既能增加彼此的经验,又能形成良性竞争,对个人和公司而言都是好事。

3. OKR 公开透明可以提升团队的敏捷度

OKR 公开透明,实现信息共享,才能让员工在新的、多变的全球经济和组织形式下找到方向,知道公司当前的最优任务是什么,以及如何与公司里的人配合,高效地完成这些任务。

因此我建议管理者,如果公司情况允许,可以开发专门的

OKR系统用于内部共享，实现OKR目标、关键成果、进度、评分公开透明。如果有困难，可以借助已经成熟的SaaS系统，实现OKR公开透明。

当然，这里所说的OKR公开透明不是硬性规定，考虑到有些信息可能需要保密，管理者可以根据公司具体情况公开那些可以公开的OKR，需要保密的部分可以暂不公开或者签订保密协议后公开。

OKR与KPI是什么关系

OKR是Objectives and Key Results的简写，即目标与关键成果法，致力于如何更有效率地完成一个有野心的项目。而KPI是Key Performance Indicator的简写，即关键绩效指标法，强调的是如何保质保量地完成预定目标。简单来说，OKR是监督我要做的事情，KPI强调的是要我做的事情。

很多公司之所以在使用OKR时无法达到效果，是因为混淆了OKR与KPI，甚至把OKR当作绩效考核的依据在使用，所以了解了OKR与KPI之间的关系，才能更好地使用OKR为公司服务。

我们先来了解一下OKR与KPI之间的区别，见表1-1。

表 1-1　OKR 与 KPI 之间的六大区别

区别	OKR	KPI
1. 本质上的区别	目标管理和绩效激励工具	绩效考核管理工具
	目标是描述性的，关键指标是量化的	考核指标是量化的
	指标在目标期内可以机动调整	指标在考核期内是相对固定的
2. 关注点的区别	侧重于制定目标，并努力超越目标	侧重于量化目标，而非超越目标
	指标要求达到 60%-70% 就算取得突破性效果	指标要求达到 100% 才算取得效果
	集中于对挑战性目标的高绩效行为的引导	集中于有能力、可以达成的目标
3. 驱动机制的区别	致力于员工通过自我激励实现绩效提升	侧重物质激励提升员工绩效
	注重员工参与感与自我价值实现	根据员工绩效结果给予物质奖励
	注重高绩效潜力员工的价值提升与动力激发	注重激励与绩效之间的持续平衡
4. 运行环境的区别	公司战略目标会根据外界环境而变化	要求公司战略目标清晰、稳定
	一般适用于初创业、高科技、创新型企业	一般适用于岗位职责明确、人员配置精准的传统企业，以及产业成熟、竞争环境相对稳定的产品制造型企业
5. 沟通方式的区别	360 度多维互动式沟通	自上而下委派式沟通
	工具是目标管理和高绩效产出管理，注重管理行为的绩效产出	工具是关键成功因素法和平衡计分卡，注重关键成功因素指标
6. 特点的区别	操作简单，设置好目标与关键成果即可	更为细化，每个指标的量化程度高
	对接直接，每个 KR 都必须能够直接完成相对应的目标	对接流程化，需要良好的制度环境、平台来帮助运行
	OKR 的目标、关键成果、进度、评分等对公司内部人员公开透明	KPI 往往不会公开或者不会全部公开

虽然OKR与KPI存在以上区别，但是在很多大的层面上，OKR与KPI也有一定的共同点：

一、OKR和KPI都是沟通工具

前者会让公司内部人员了解期限时间内的公司、团队、个人的OKR是什么；后者会让公司内部人员了解公司公布的公司、部门、岗位各级的KPI。

二、OKR和KPI制定的都是公司努力的方向和目标

前者代表你要去哪里以及如何到达那里；后者虽然没有告诉你怎么去那里，但是也指出了方向和目标。

三、OKR和KPI都是可量化的

前者大多对时间和数量进行量化；后者可以对公司很多事情进行量化，不过要注意的是不要量化无关紧要的事情，以免降低效率与员工积极性。

四、OKR和KPI都要求目标一致

前者是在公司、团队与个人的OKR协调一致的情况下独立完

成，并随时机动协调；后者是在公司目标一致的情况下从上而下逐层分解落地。

五、OKR 和 KPI 都要实时跟进

前者可以通过月度会议，及时跟进 OKR，并根据整个行业的大环境或者公司的变化来进行调整，每个季度可以调整一次关键成果，但不要调整目标；后者可以通过数据采集与统计，也可以通过月度会议来分析、改进绩效，如果要调整的话建议也是按照季度进行，调整得不要太过频繁。

> 总的来说，OKR 相较于 KPI 而言，它不是一个考核工具，而是一个指导性工具，它存在的目的不是要对公司内的某个员工进行考核，而是时刻提醒公司内的每一个人当前的任务是什么。
>
> 因此，OKR 和 KPI 可以同时应用于公司，谁都不能真正替代对方。KPI 可以做好绩效考核，适用于大多数企业，而 OKR 可以弥补 KPI 的很多缺陷，适用于很多高科技、创新型企业。所以，作为企业管理者，确定是 OKR 还是 KPI 更适用于企业，并通过它们找到适合的绩效评估方法，来促进公司发展才是关键。

OKR 适用于什么公司

OKR 流行之初,主要是在美国硅谷一些初创企业推行,后来逐渐受到互联网、高科技企业的追捧,其大约在 2013 年进入我国,被百度、阿里巴巴等企业使用。虽然 OKR 在实践过程中对公司发展有很大益处,受到越来越多公司的欢迎,但是这里还是要泼一下"凉水",并不是所有的公司都适合用 OKR。

这一点在前面的章节已经有所涉及,这里更详细、具体地说明一下,帮助公司管理者加深理解。

一般情况下,OKR 适合在以下几种类型的公司中使用:

一、存在考核问题的公司

这里要说一些可能会"得罪"管理者的话,但是如果公司真的存在问题,尤其是考核问题,那么直面问题、解决问题对公司发展来说才是有利的。经过对市场大环境的调查我们可以发现,有些公司可能存在以下问题,如图 1-5 所示,这些问题像是"定时炸弹"一样为公司发展埋下隐患。

所以如果你的公司存在这些问题,可以考虑使用 OKR,及时解决隐患。虽然 OKR 不是绩效考核的工具,但是它可以帮助公司找到适合的绩效评估方法。

绩效考核
目标不明确

绩效考核
方法不当

绩效考核职责
权限不清

图1-5 公司考核可能存在的问题

二、创业公司

正在创业阶段的公司，如果战略目标、工作方法还不清晰，一切都在摸索中，建议可以使用OKR来作为绩效提升及考核方法，它对公司尽快步入正轨是有帮助的。

三、高科技公司

高科技公司的市场环境变动较大，市场竞争比较激烈，公司的发展方向及目标需要经常调整，适合使用OKR工作法。除此之外，高科技公司的员工素质与能力都比较高，自我管理能力强，在公司制定出目标O之后，可以自己制定出关键成果KR，并可以在工作中自觉地进行调整与修订，帮助公司尽快达成目标，这也是 OKR 推行之初受到硅谷很多互联网公司欢迎的原因。

四、创新公司

创新公司是指拥有自主知识产权，具有良好的创新管理和文化，整体技术水平在同行业中居于先进地位，在市场竞争中具有优势和持续发展能力的公司。这种公司优势明确，但是缺点也很明显。

比如创新公司往往组织结构扁平化，需要提高员工的自主决策能力，引入 OKR 可以很好地解决这个问题，所以 OKR 适用于创新公司。

第 2 章
启动 OKR 前的准备工作

可以说,OKR 就是将最优秀的员工所采用的"做事途径"进行不断优化,实施到每个员工的身上,以达到预期成果。

为什么实施OKR

OKR因为硅谷知名的科技企业（比如谷歌、亚马逊、优步）的推崇而风靡全球，更因为它自身带给企业的作用而大放异彩。在企业需要识别战略优先事项、培育团队的目标导向和结果意识、加强跨部门合作、适应市场环境变化以及选拔高绩效员工的时候，它都能起到非常重要的作用。

在世界著名的谷歌公司，投资者约翰·杜尔首次提出了使用OKR的方式制定目标的想法。在他看来，OKR这种将目标和关键成果相结合的方式是一种有效提升工作效率的方式，能够为公司设立更高水平的目标，以量化方式衡量目标的进展。这样的OKR在谷歌内部启动后取得了巨大的成功。

至此，不少企业家或公司相继效仿谷歌的OKR模式。但是，在确定实施OKR之前，我们不妨问这样一个问题：为什么要实施OKR？

如果实施OKR的动机仅仅是因为"著名的谷歌、英特尔公司都在用"，那么设置OKR则完全没有意义。在开展OKR之前，不仅要让企业高层领导了解其含义，还应当让企业内部每一位员工都了解OKR实施的真正意义。

简单来说，OKR就是在组织内设定一个可衡量的目标，并将公司、团队和个人目标联结起来的有效方式，如图2-1所示。OKR能够使公司和员工聚焦于一个明确、共同的目标，并不断发展壮大。只有OKR发挥其真实的作用，才能够称得上达到了实施的目的。

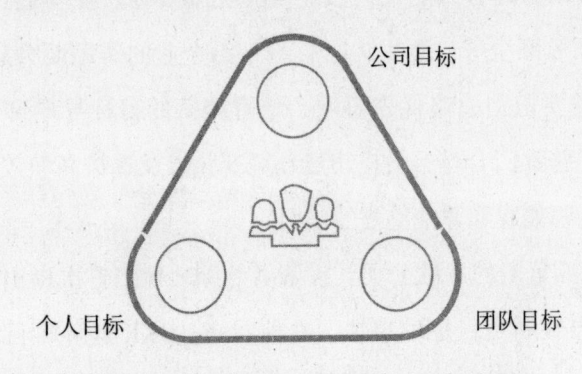

图2-1　OKR在组织内设定的三大可衡量目标

接下来，我们将为大家具体分析OKR对企业的作用：

一、针对公司战略

OKR的实施，有助于公司战略执行的聚焦度得到有效提高。OKR可以让企业内部通过沟通和讨论，将制约业务发展的瓶颈问题快速识别出来，或者快速找到能够推动企业发展的要素。通过实施OKR，企业可以提出固定时间内想要达到的成果，来据此制定出达到这一成果所需要完成的一系列项目和任务，将企业的战略清晰地呈现出来,并长期聚焦。

市场上大部分企业战略所出的问题不是方向错误的问题,而是执行的战略不够清晰,并且缺乏很好的执行力的问题。OKR的实施,可以有效解决这个问题,达成目标。

二、针对员工个人

OKR会使员工的目标和结果意识得到有效培养。如果一个企业的员工具备目标和结果意识,OKR的实施会起到立竿见影的效果。即使不在本季度OKR实施范围的员工,也会通过OKR制定过程中的逻辑关系,来提高自身的逻辑性思考能力。

以市场部为例,市场部的大部分员工可能每天都忙于日常事务。通过OKR的逻辑关系,他们会将自己的思路打开,明白自己的最终目标是为销售部门带来高质量的客户咨询,促进交易成交。

三、针对企业内部部门

OKR的实施加强了企业内部部门的沟通,让企业扁平化。公司层面的OKR通常涉及多个部门,需要它们加强沟通,一起努力。比如,为了提高产品的可靠性,需要设计、开发以及生产部门共同协作;为了减少企业的应收账款,需要财务部门和销售部门共同努力。不同部门和层级之间的协同作用是 OKR 实施的基本条件。

与此同时，OKR 摒弃了针对岗位的绩效考核，能够将上述协作的潜力充分发挥出来，让企业内部沟通简洁化、透明化，让企业的组织更加扁平化，利于企业管理。

四、针对市场

对于市场的高速变化，OKR 的实施能够让企业快速适应。由于 OKR 在每一季度结束时都需要复盘和进行下一季度的 OKR 制定，所以它能够以比较高的频率让核心团队来审视企业战略路径是否合理。对于当下千变万化的市场环境，OKR 的复盘频率甚至可以再提高一些。OKR 复盘的高频率可以让企业有效聚焦在关键事务上。

以共享单车为例，获取用户可能是第一季度的关键问题，但到了第二季度，关键问题可能变成产能方面出现的瓶颈问题。

五、针对选拔人才

虽然 OKR 不考虑对岗位进行绩效考核，但 OKR 的实施可以帮助企业辨别出高绩效的员工。因为 OKR 在制定和实施的过程中，员工对此持有的批判性思维习惯、沟通的主动性和技巧、自律性和结果意识都会得到相应的展示。

这些因素会从不同层面反映出一个人的长期绩效水平，这与KPI僵化的岗位考核是完全不同的。

OKR 的实施层面与方案部署

在了解了 OKR 实施的目的之后，我们紧接着需要考虑的便是应当在哪一层面实施 OKR？

一个成功的 OKR 应当明确其实施的层面。一般来说，OKR 的实施层面分为：公司级、部门级、个人级。这三个层面各自独立但又不该是单一的个体，三者之间应当相互关联。最好的做法是选定一个层面，由点到面逐步推广 OKR 的实用方法，最终实现全员实施 OKR。

一、在哪个层面实施 OKR？

在实施 OKR 的不同级别层面里，根据其公司的具体业务状况，能够大致将其分为下面两种情况：

1. 纵向实施 OKR

纵向实施 OKR 是指从公司级别开始，由公司领导层开始实施 OKR，并在实践成功之后，将其 OKR 具体推广到部门级和个人级。

2. 横向实施 OKR

横向实施 OKR 是指公司从某个部门或者业务单元开始，在该部门或业务单元中同时进行公司级、部门级、个人级 OKR 的实施，最后实现在全公司范围内的 OKR 推广。

在公司当中推行 OKR 实际上是在推行"人人有责"的原则，这就要求员工在工作当中撇开职位上的差异，充分地调动起每一个人的力量来推动事业的发展，让每个人的 OKR 与团队的 OKR 有机结合，推动企业迅速成长。

二、OKR 方案的部署

了解到为何实施 OKR 以及在哪个层面实施 OKR 之后，我们就可以开始对 OKR 制度开展部署工作，在这一过程中，有许多重要的环节需要完成。

OKR 的部署工作分为一般情形和特殊情况，其具体的实施层面也有所不同。接下来我们将从这两方面来谈谈 OKR 的部署：

1. 一般情形

（1）在公司层面实施 OKR 制度

OKR 制度实施到企业的管理当中需要大量的经验，让制度实施的过程更加顺利，所以应从企业的最高层组织开始实施 OKR 制度。在公司最高层组织当中进行试点，可以为以后其他层级组织实施 OKR 制度提供有效的参考经验。最高层组织的实践能够为企业其他员工带来一定的缓和时间去消化,让企业的员工们对OKR制度更加了解,从自身的视角对OKR制度进行评价。

如果你选择从公司层面开始推行OKR,那么高管是这个项目能否成功的关键,没有高管的支持,项目从一开始就注定会失败。同时,你还需要有热情的OKR"斗士"来推动项目,以此向整个团队证明OKR不是昙花一现式的赶时髦。

(2)在公司层面和团队层面实施OKR制度

通过公司层面和团队层面这两种渠道来实施OKR制度,相对于第一种情形离全面实行OKR制度更近了一步。这里所说的团队层面是与高管之间有密切业务联动的组织,其在不同的企业当中有不同的表述形式。

在团队层面实施OKR制度也需要进行目标的制定,应当让团队的负责人带领团队成员对OKR制度的目标进行设定,并让团队的发言人在集体会议当中公布本团队的OKR。团队的直接领导者要与团队成员进行交流,保证每一位队员都能够明确自己的目标,确保自己的成长方向与团队的发展方向相一致。这样能够更加容易得到高管们的支持和关注,能够让OKR制度更好地执行下去,让团队层面的OKR目标设定得更加合理。

(3)各层级组织都实施OKR制度

在公司层面、业务单元及个人层面都实施OKR,确保从上到下协调一致,这是上述两类情形当中OKR制度的最终归属。引入OKR制度的管理者需要考虑的是在企业所有层级组织中实施

OKR制度需要花费多长时间，这种制度改革能为企业带来哪些实质效益等问题。企业选择哪种实施OKR制度的方式需要按照自己的发展速度进行规划。

（4）仅在团队层面进行OKR制度的试点工作

只在团队层面推行OKR制度是一种试验方式，是为了了解OKR制度推行的可行性，为了让OKR制度在团队层面有良好的实施效果。那么推行OKR制度的工作人员、管理者需要与团队负责人进行业务联动，让团队成员充分了解OKR制度的工作原理、应用逻辑。如果能够在一个试点团队当中产生良好的效果和积极的影响，那么它将在更多的团队组织当中发挥出更大的价值。因此在试点工作当中，管理者要对这项工作予以高度的关注，为以后的全方位实践提供更多的经验。

在推行OKR制度的过程中，如果能让该团队组织产生更好的经济效益，那么其他团队组织也会主动参与到OKR制度的试点工作当中，从而让OKR制度得到更多力量的支持。

（5）在项目中实施OKR制度

将OKR制度推行到公司的最大项目当中，可以让更多的人重视OKR制度。将这个项目的目标与OKR制度结合起来，以成果导向为标准对项目的完成情况进行跟踪，可以保证项目能够成功落地。这种在项目当中实施OKR制度的方法，是通过社交的形式在公司当中推行OKR理念，能够对该项目的工作人员的纪律进行约束和管控。在实际的OKR制度落实过程中，很多企业并不将这种方式作为制度改革的首选，但可以将这种实践方式作为备选方案。

2. 特殊情况

（1）两个团队实行同一种OKR制度

在两个团队产生业务联动的情况下，这两个团队可以实行同一种OKR制度。这样在进行考核的过程中能够减少很多测评环节，大大提升了OKR制度的实行效率。

例如，在IT团队当中，可能产生垂直组建的运营团队、产品团队、财务团队等。在这些团队当中有共通的管理内容，都是为IT技术服务，所以这些团队可以形成统一的OKR制度，或者让业务团队之间采用同一种OKR制度，这样也便于管理者了解团队的实际情况。

因此推行OKR制度的管理者要找到团队之间的共通性。比如，产品的运用团队与生产团队就可以根据产品的共通性，实行同一种OKR制度。这样可以让OKR制度更便捷地执行下去，让更多的团队能够接受并积极配合相关人员执行OKR制度。

（2）多个团队实行同一种OKR制度

多个团队的共同协作能够让企业凝聚力不断提升，这也是全面推进两个或者多个团队实行同一种OKR制度的基础环节。多个团队实行同一种OKR制度比两个团队实行的范围更广、执行的速度更快，而且便于管理和分析OKR制度产生的价值和作用。

当多个团队实行同一种OKR制度的时候，执行人员要保持足够的耐心，为同事们介绍 OKR 制度在执行过程中的注意事项，使他们能把握自己的成长目标以及公司的发展变化，将具体的想法应用到 OKR 制度的实践当中。

三、高管支持是 OKR 成功实施的关键因素

想要在组织中成功实施 OKR，高管的支持，特别是最高领导人的支持是至关重要的。接下来我们将要分享一些有关获取高管支持的技巧：

1. 将 OKR 制度与高管关注的内容有机结合

如果企业的高级管理者对项目的某一方面比较感兴趣，或者该项目所表现的价值观与高管的理念相契合，那么这个项目就很容易引起高管们的注意，并得到高管们的支持。从事人力资源管理的人员要把握事物之间的联系，从这些联系当中找到对企业发展有益的方面，并将之放大，深入挖掘其中的价值。那么引入 OKR 制度也可以按照这个流程，将 OKR 制度与高管关注的内容联系起来，让 OKR 能够更好地在企业考核制度当中运行。

2. 提供 OKR 培训

在引入 OKR 制度之前需要在企业内部进行培训，这符合我们认知、了解新事物的规律。我们要了解 OKR 所产生的意义和价值，从 OKR 的定义、经典案例、优势等方面探索 OKR 制度与企业当前情况的匹配度，通过 OKR 来提升企业的发展水平。

3. 把高管"卷入"OKR 实施过程之中

我们不能够统一高管们的思想，但是我们可以引导他们参与到 OKR 制度的实施过程当中。高管们通过亲自参与，能够增加与员工之间的互动频率，让员工感受到公司实行 OKR 制度的决心，使他们感受到高管们对 OKR 制度的支持。那么员工们也会认可 OKR 制度，使 OKR 得到更多人的支持。

OKR 的计划与实施

OKR 在推行过程中，计划与实施只是形式上的开始与结束，它还需要进行及时的总结来对 OKR 制度进行修正。为了能够让 OKR 的制度更加适合公司的实际情况，接下来我们将从以下三个阶段来了解 OKR 的计划与实施，从而最大限度地提升公司的竞争力。

一、OKR 计划阶段

"没有计划，就没有成功。"一份翔实的计划可以为 OKR 的成功推行奠定基础。下面四点是实施 OKR 制度需要考虑的关键内容：

1. 搞清高级管理者对 OKR 制度是否支持。

2. 给出实施 OKR 制度的理由以及为什么要在当前阶段实施 OKR 制度。

3.明确采用哪种形式实施 OKR 制度,是在公司层面实施还是进行 OKR 制度的试点工作。

4.创建一个实施计划。(这一点我们在后面会讲到)

二、OKR 实施阶段

制定 OKR 实施计划需要针对具体的实施层面进行分析,下面我们以公司层面实施 OKR 为例进行分析:

1. 对公司层面进行 OKR 培训

人力资源部门的工作人员可以先对 OKR 制度在概念方面进行拓展,为相关人员灌输 OKR 模型当中的基础内容,讲述选择 OKR 制度作为考核标准的理由,并通过其他公司引入 OKR 制度的经典案例,让同事们了解他们能够从 OKR 体系当中学习到哪些内容。

2. 确保公司有完整的使命、愿景和战略

公司的 OKR 应当源于战略,同时能驱动愿景的达成,并同整体使命保持一致,这是 OKR 能否成功的关键保障,因此公司在开始实施 OKR 前应该确保这一点。

3. 在公司层级当中创建并实施 OKR 制度的基础步骤

(1) 小型团队集中创建

(2) 问卷调查

以调查问卷的方式对公司各个层级的员工进行调查访问,从他们的反馈数据当中了解实施 OKR 制度的态势和情况，以便于将其应用到后续的专项研讨当中。

（3）高管访谈

（4）在研讨会中直接起草目标

（5）在公司范围内渗透 OKR 制度的相关内容

人力资源部门的人员可以采用多种形式来宣传 OKR 制度，例如可以采用电子邮件、KT 板、广告牌、广播、群消息等方式进行宣传，但是最直接的方式还是与同事进行面对面交流。

（6）跟踪 OKR

不能把 OKR 制定后就束之高阁，应当在季度中间(或者其他规定的时间点)对它进行跟踪和审视。

（7）季度末汇报成果

对 OKR 制度的实施情况进行客观评价，对公司层面的实施结果进行打分，并将实施的过程和效果在公司范围内进行交流。

三、OKR 总结阶段

实施 OKR 制度是公司考核方面的变革。新的改革制度如果造成人们利益的损失，那么就会有很多人出现抵触情绪。所以从以往应用 OKR 制度的案例当中，我们能够了解到公司采取 OKR 制度这种变革的方式有 70% 的概率会失败。

因此，为了让本公司更好地实施 OKR 制度，我们需要关注与

OKR制度相关的任何内容，了解其他公司在变革过程当中出现的负面影响和问题，采取适当的措施缓解负面压力和影响。从麦肯锡公司的调查研究内容上，我们能够看到推进OKR制度改革的有效管理行为，如图2-2所示。

```
公司领导者率先进行              培养员工对OKR
OKR制度改革示范    ───→       制度改革的信心
         │
         ↓
通过正式机制强化              培养员工的工作能力
OKR制度的改革    ───→
```

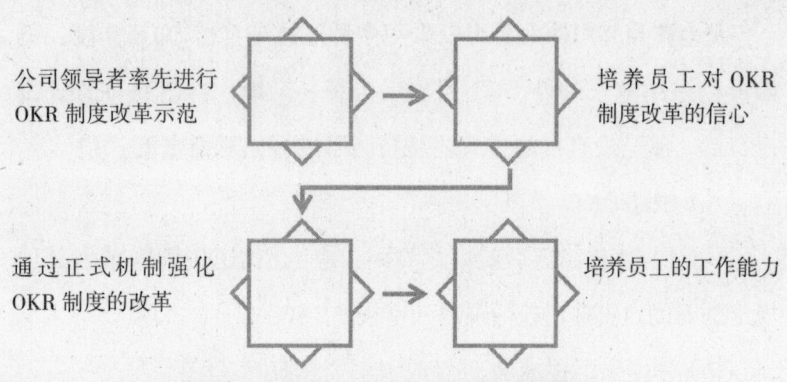

图2-2　推进OKR制度改革的有效管理行为

1. 公司领导者率先进行OKR制度改革示范

公司的领导者是员工们的榜样，在进行OKR制度的改革过程当中，公司领导者如果能够积极配合、率先示范，那么公司的员工就能够对OKR制度具有良好的印象，这再次印证了我们关于高管的参与对OKR至关重要的论断。

2. 培养员工对OKR制度改革的信心

很多员工都是从自身的角度来考虑公司考核制度的变革的，在OKR制度改革工作当中，如果引入这个制度的人员都没有坚定的信心，那么这将会影响其他员工对OKR制度的信心。所以人力资源管理者要告诉员工们考核制度的变革是无法逃避的，我们无法统一大家的思想，但是我们可以为大家指明公司成长的方向，而且支持改革将是我们共同的目标。

3. 通过正式机制强化 OKR 制度的改革

执行 OKR 制度的工作人员可以在绩效评价当中设置员工个人的 OKR 评价结果，让更多的人感受到公司对引入 OKR 制度的重视。因此人力资源部门的工作人员可以修正公司的绩效评估系统，将个人的 OKR 结果放入到绩效评估之中，这就使 OKR 变革与正式的绩效评价机制之间保持了一致性。

4. 培养员工的工作能力

如果公司员工的工作能力、自律能力较强，他们就有强大的学习自驱力，这种类型的员工更希望公司有良好的发展来匹配自己的努力。所以公司也可以从这个角度出发，不断提高员工的综合能力，增强员工的理性思维，将这种有利于公司发展的制度顺利地执行下去。人力资源部门的工作人员要从公司的竞争和差距当中为公司进行成长规划，从而提升公司的竞争实力。

明确 OKR 框架

在实施 OKR 的过程中，我们还需要不断地明确 OKR 的框架，这有助于提升 OKR 与公司实际情况的匹配度，从而更好地实现公司的总目标。

执行周期短是 OKR 制度的优势之一，其能使公司快速地看到成效，可以提升制度改革的成就感。当然这种优势也会带来一定的隐患，比如，在短期内能够看到的成果是否就代表公司当前的现状？如果是好的评价结果，那么这种状态是否能够持续？如果下一次评价时出现了不好的情况，那么是否会打击员工们的自信心？这些问题都会给 OKR 制度的执行带来一定的困扰。

因此在引入 OKR 制度的过程中，我们应该将其融入具体的环境当中，将 OKR 制度与公司的成长目标、计划、战略以及员工实际情况相融合，将这些定性的内容以定量的形式融入 OKR 制度的内容当中，让 OKR 框架更加明确。

一、创建使命

愿景和战略有具体的达成时限，但使命应该是永远不可达的。它就像是你工作中的灯塔，始终照亮你的前方。你可以无限接近它，但永远无法到达。组织可以把使命当作组织导航的指南针，指南针可以在迷路时把组织导航到安全的地方。一个强而有力的使命是组织及时应对不确定性的良好向导。

创建使命的重要意义在于提高员工的使命感，让每一个员工都能为企业的发展出一份力。

在引入 OKR 制度之前要为其设定情景化的模式，这样 OKR

制度才能够发挥出它的价值，所以OKR制度需要建立在一定的环境之上，让OKR制度更加深入到公司的管理当中。战略是OKR最直接的上下文，但OKR同时还必须支撑愿景的达成，也必须同组织的使命保持一致。只有让公司员工对OKR制度的改革抱有使命感，这样这个公司才能够齐心协力投入到制度改革的工作当中。

组织创建的使命应具有一定的特质，这样能够让OKR制度发挥的价值和能量更加持久。有效的使命陈述可以从以下几个方面入手：

1. 简单明了

德鲁克曾说过，组织所犯的最大的错误，就是把使命当成了"好心的大杂烩"。这句话虽然简洁却意义丰满，非常精准地指出了很多公司在创建使命时出现的问题，即任何一件事情，都无法满足所有人的要求。所以在引入OKR制度的过程中，要以简洁明了的方式对使命进行说明，并使其融入OKR制度。

2. 激发改变的欲望

虽然公司的使命不会变化，但它能在组织里激发起大家的巨大改变。当公司的员工被赋予了使命感，那么这种内在变化将持续不断地推动组织前进，激发组织产生积极的变化，并从员工内在的变化辐射到整个公司的变化。

例如，华为公司的使命是将目光投向客户所关注的挑战和压力，并提供有竞争力的通信解决方案和服务，持续为客户创造最大价值。这种为客户服务的使命和公司文化将会激发员工们产生改变的欲望，而且不止改变自己，还希望自己的工作环境能够有所改变。

3. 具有长期性

组织当中的使命具有长期性的特点,应当至少持续100年以上。虽然组织的战略会有调整和改变的情况,但使命应该始终保持其作为组织基石的地位不变,并让自己成为组织未来所有决策的基础。

4. 易于理解和沟通

使命陈述要让员工容易理解,以清晰、明确的表述方式来提升使命的感染力度,所以组织在创建使命时要短小精悍,因为这样的语言最有力度。令人信服且有力度的使命最能够触动员工的内心,鼓舞员工为组织目标而奋斗。

如果在引入OKR之前公司没有正式的使命、愿景及战略等公司成长的方向,那么引入OKR制度的人员可以运用包含使命的MOKR(Mission Objectives and Key Results)制度,也就是融入使命的任务,让公司设立的短期计划与公司长期目标保持一致。使命是指导短期目标的,所以目标可以根据具体的情况进行改变,但是使命是始终不变的,要让变化后的目标更好地支撑使命。

二、陈述愿景

愿景是对使命发展方向的具体描述,它会让使命当中的内容落地。愿景陈述应包括如图2-3所示的几种典型元素。

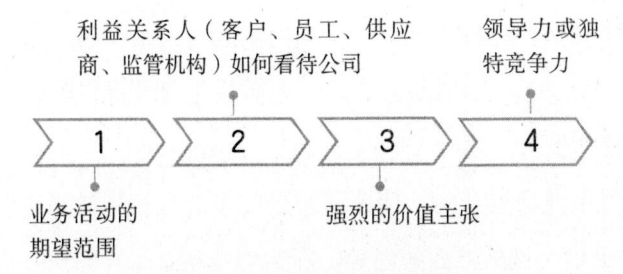

```
利益关系人(客户、员工、供应        领导力或独
商、监管机构)如何看待公司          特竞争力
         │                              │
    ┌────┴────┐   ┌─────┐   ┌─────┐   ┌─┴───┐
    │   1     │   │  2  │   │  3  │   │  4  │
    └─────────┘   └─────┘   └─────┘   └─────┘
         │                     │
   业务活动的                强烈的价值主张
   期望范围
```

图2-3　愿景陈述的典型元素

公司可以通过愿景来指导员工的行为,将设想变为现实,将OKR制度更好地实施下去。在愿景陈述时,除了要将以上的典型元素包含进去,还需要注意以下要点:

1. 能量化且有时间约束

一个组织的使命描述了它的核心意图。使命通常是鼓舞人心的话语,但其没有数值形式和时间形式的设定。而愿景必须包含数值和时间这两方面的内容,以确保OKR制度能够有效实施。

愿景是对OKR制度在未来实施情况的具体体现,它必须为公司指明具体的细节问题。每个公司的内在环境有所不同,有的公司是通过收入、利润等指标对愿景进行定量规划的,有的公司是从服务的客户数量等方面对愿景进行描述的,但无论对愿景内容如何描述,都要连带着数据和时间。

2. 简洁

愿景与使命具有同样的简洁特质,在短小精悍的话语当中就能够将愿景的内容表述出来。内容简洁的愿景能够带给人们更大的吸引力,比如2008年可口可乐CEO穆泰康建立的愿景就是一个关于成功的共享图像,即在10年内实现业务量翻番,他对愿景的描述简洁而有力,其中还进行了业务量化和时间的限定。

3. 同使命保持一致

愿景是由使命展开的,使命是愿景的核心内容。如果组织在使命当中提到了创新方面的内容,那么创新就是愿景的核心价值观,在愿景的表述当中也要提到与创新有关的内容,让愿景与使命保持一致。愿景是为可预期的未来描绘的一幅蓝图,它将促成使命的达成,所以一定要确保二者是一致的。

4. 可验证

愿景当中包含时间的设定,所以愿景具有可验证的特点。比如上述穆泰康所提出的10年内业务量翻番的愿景就非常形象,在10年这个期限届满之后,就能够通过业务相关数据对这个愿景进行验证。

5. 具有可行性

愿景是可以实现的梦想,所以愿景要具有一定的可行性。组织要在现实的基础上规划愿景,而不是想当然地进行不切实际的表述。组织在设计愿景之前要对业务、市场等方面进行分析,可以通过态势分析方法来了解本公司所处的位置,这样能够让愿景的内容更贴合实际。

6. 鼓舞人心

组织要通过愿景对员工进行激励,鼓舞员工为自己设置的目标进行奋斗。愿景在指导员工的过程当中还要发挥鼓舞人心的功能，从而让愿景更有意义。

三、战略规划

战略的作用是为OKR制度创建背景。公司在实施OKR制度之前要科学地设定战略，要将公司的战略锁定在一个范围当中，利用态势分析方法明确自己的机会、威胁以及自己所处的位置，这样才能够对遇到的机会进行合理取舍。接下来我们将从两个方面来谈一谈公司的战略规划：

1. 通过"基础四问"谈战略

在进行战略规划时，下面的这个"基础四问"非常重要，其内容如图2-4所示。

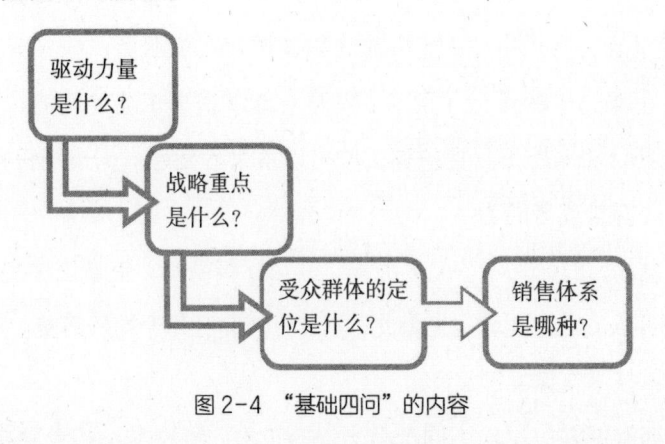

```
驱动力量是什么？
   → 战略重点是什么？
        → 受众群体的定位是什么？
             → 销售体系是哪种？
```

图2-4 "基础四问"的内容

为了更好地实施OKR，我们应该先明确上面四个基础问题的答案。

（1）我们的驱动力量是什么？

驱动力量关系着公司发展的前景，影响着公司发展的速度与目标，是公司发展的基础。市场上的大部分公司都被以下方面带来的力量所驱动：

①产品以及服务

一件产品要专注于一个特征来打动客户群。比如，可口可乐吸引客户的焦点是能够提供非酒精饮料；OPPO品牌的手机是从拍照和充电性能等方面来打动客户群。所以说，产品和服务是一大驱动力量。

②客户以及市场

公司将战略聚焦于客户和市场，能够更加精准地提升品牌的知名度。比如，强生系列产品当中的共同点就是精准把握目标客户和市场，为医生、护士、患者以及妈妈提供服务。公司只要把握住市场当中的流行元素，了解自身能够挤进市场的优势，并通过这些优势来服务目标群体，就可以最大程度地占据市场份额。

③容量或者能力

例如，酒店关注的是客流量，其目标很简单，就是让这些房间住满客人。航空运营也是如此，其目标就是让每个航班满员。

④技术支撑

拥有能够应用于不同产品当中的技术，特别是一些专利技术，可以让公司的发展渠道更加宽广。例如杜邦公司就拥有尼龙这个专利技术，并为自己的产品找到多条发展渠道，比如将尼龙应用到鱼线、丝袜和地毯当中。

⑤销售渠道

这里关注的是"如何做",而非"是什么"和"谁来做"。

销售渠道是通过宣传等方式将产品推广出去,电视购物就是一个很好的例子,这种销售渠道能够给人一种紧张感,而且所推销的产品丰富多样。例如,在电视购物中,这一小时它会讲你在哪里可以买到化妆品,然后下一个小时它会讲你在哪里可以买到充电宝,这种销售渠道会带给观众们很多乐趣。

⑥原始材料

原始材料能够发展成各种产品。比如,在石油公司当中,你所销售的任何产品都源自你从地下挖掘出的"黑金",并将其重制成不同的种类,但是这些产品的本质仍然是石油这个原始材料。

(2)我们的战略重点是什么?

公司可以从上述的六个方面来选择能够驱动公司发展的力量,让公司能够找到自己的优势方面,并根据自身的优势进行抉择,制定出发展战略,决定未来将在哪些产品和服务上倾注更多精力,在哪些产品和服务上投入较少精力。

举一个反面的典型例子——乐视,这个公司在电视、手机、音乐、电影、体育、汽车等领域,几乎都有涉猎。所以乐视公司在战略方面的问题就是战略规划得太过宏大,没有特别突出的内容,齐头并进往往并不专业。而且乐视在跨界创新方面做得太盲目,业务覆盖面也太广,在"生态梦"的道路上"蒙眼狂奔",其战略资源和组织能力不足以匹配这样大的生态系统,所以在短短几年的辉煌之后便出现问题。当贾跃亭出局乐视之后,乐视网也随之崩溃。

(3)我们的受众群体定位是什么?

在对产品和服务的受众群体进行定位时,你需要做出相应选择:重点的客户群体在哪个地区?哪些地方不在你规划的重点区域?做这个选择之前,你需要对自己产品的受众群体有足够清晰的定位,这可以通过一定的数据来实现,比如客户净推荐值、每个客户群的利润情况、保留率、市场占有率等。想要打破客户群体的局限性,你需要站在客户的角度来思考问题,这是只待在办公室里无法了解和接触到的。

我们以雅诗兰黛这个高端化妆品公司为例,它的旗下有30多个品牌,包括MAC和倩碧这两个标志性品牌。它曾经就遇到过上述问题,经过权衡之后,做出了战略取舍。因为雅诗兰黛对美国百货公司太依赖,CEO法布里齐奥·弗雷达命令公司把"减少对美国百货公司的依赖"作为公司的最高优先级事务来处理,通过战略取舍之后,公司的战略方向转向了持续增长的亚洲新兴市场。

(4)我们的销售体系是哪种?

在"基础四问"中,这个问题最为重要,因为你的价值主张是由销售体系决定的。换一种说法,就是你如何为客户创造价值;更直白而言,就是客户为什么到你这里买东西?这个问题很重要,但回答无非是提供低成本的产品或服务,或者差异化的产品或服务。

推行低成本的产品或服务的企业,比较注重标准化的人力、流程以及资产，最大程度地实行批量化生产，从而为客户提供比较低成本的产品或服务。例如零售业的沃尔玛，或者快餐业的麦当劳。

推行差异化的产品或服务的企业有两种发展途径。第一种途径是通过培养客户的黏性，让客户变成企业的忠实用户。第二种途径是为产品添加与众不同的功能或者最新技术。比如苹果公司，它采取的就是销售顶尖产品的战略。

综上所述，在以上四个问题中，第四个问题的答案需要你在组织内部达成一致。因为它代表了你对前面几个问题回答的总和，同时对你未来的决策以及投资方向都会产生深远的影响。

2. 通过"四个镜像"谈战略

对以下"四个镜像"而言，战略"基础四问"中的每一个问题和镜像的组合都是非常合适的，因为每种组合都会给你不同的启发。下面是对每个镜像的归纳：

（1）财务镜像

财务镜像是最基础的，同时也是最重要的，当你回答那四个基本问题时，你做出的每个决定都需要进行资源分配，这就需要一定的财力做支撑。例如，培训员工掌握某一技能（人力镜像），投资新技术（技术镜像），或者举办宣传活动（社会－文化镜像），这些都需要财力的支持。同时，每个决定还必须考虑潜在收入和利润，可以这样说，财务镜像是每个决定背后的真正推手。

（2）社会－文化镜像

对战略问题的讨论要设想可能出现的答案，从中筛选出最能和你产生共鸣的那个答案。举个例子，如果一家专利技术驱动型公司，员工引以为豪的是公司的技术传统优势，当你要将公司的发展重点转移到客户和市场上时，从社会－文化镜像的角度来判断，这是十分不明智的。

（3）人力镜像

当对战略问题的答案进行讨论时，需要对团队成员的技能以及人才的现状进行深入了解。举个例子，因为你的团队中有三个狂热的冲浪爱好者，你们就可以考虑去销售冲浪板。但如果你们团队中没有人去过海边的话，想要销售成功就会非常困难。如果你想要继续进行下去，就需要对现有人员进行培训或者招聘新的人才来弥补短板。

（4）技术镜像

技术是各行各业迅速发展的关键。在回答"基础四问"时，你需要认真思考三个问题：你是否会考虑投资新技术？当前企业现有的技术如何？企业现有的技术在未来会不会被淘汰？

这个时候，你还需要考虑四个镜像之间的相互影响，比如新的技术需要新的技能和人才。技术是你能引入的最重要的事情之一，对经验丰富的员工更是如此，这还需要你好好把握公司的社会－文化镜像。

> 上面讲了这么多理论，我们还需要明白一点，如果想让OKR制度顺利实施，需要结合公司的实际情况，从公司本身的问题出发来制定OKR制度。

PART 2

OKR 实施阶段

第 3 章

明确目标 O，拆解目标达成的方向

OKR 目标来源于企业的愿景，以周期为限进行拆分。我们要重点关注目标 O 的优先级、挑战性、可执行性和可考核性。

分解目标,找到关键的那个 O

OKR 是 Objectives 和 Key Results 的简写。O 指的就是团队的目标,即团队要去的目的地。

OKR 目标的制定,能够帮助团队更聚焦目标。下属 OKR 目标的总和正好是上司 OKR 目标的一部分。这样的团队协作,能保持目标的一致性和目标的完成率。

一、OKR 目标来源于哪里?

OKR 目标当然不可能凭空产生,它一定是团队在进行充分沟通和讨论后大家一起制定的。公司的使命、愿景和战略都是 OKR 目标的来源,如图 3-1 所示。

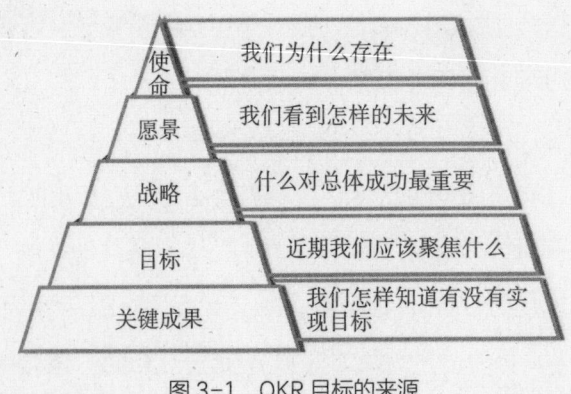

使命	我们为什么存在
愿景	我们看到怎样的未来
战略	什么对总体成功最重要
目标	近期我们应该聚焦什么
关键成果	我们怎样知道有没有实现目标

图 3-1 OKR 目标的来源

阿里巴巴的公司使命是"让天下没有难做的生意",希望自己能够成为"分享数据的第一平台""幸福指数最高的企业"。阿里巴巴是从互联网起家的,互联网开放、透明、共享的特点给生产商、供应商、分销商、客户创造了更多的机会,为他们创造了双赢的结局。

阿里巴巴希望自己能成为一个跨越20、21、22世纪的企业。2010年7月它又提出了未来10年要为一千万家企业解决生产、发展的问题,为全世界创造一亿个就业岗位,让自己成为一个十亿人网上消费的平台。阿里巴巴给了团队一个非常宏大的使命,然后根据使命来分解每个人每天的OKR目标,让员工在前行的过程中不至于迷失方向。

腾讯之前的公司愿景是"做一家最值得尊敬的互联网公司",它在2019年又将目标进行了调整,即八个字"用户为本,科技向善",它希望通过构建数字时代正确的价值观、社会责任和行为准则,让自己成为一家受人尊敬的公司。

虽然腾讯通过QQ、微信、游戏等一系列业务使自己成为了一个让人尊敬的互联网巨无霸,但是在当下的阶段,腾讯需要更有灵魂的目标,而不是仅仅关注所谓的产品体验。腾讯最近的一系列动作,比如对游戏《绝地求生:刺激战场》进行改版,减少了其中的血腥场面,设置了最严格的防沉迷措施"儿童锁"等,都是对愿景进行的OKR目标分解。

但很多企业的愿景是很难提炼出OKR目标的,比如"振兴民族产业"这一愿景,就显然过于宏大和宽泛。这时,企业可以从道德、责任、规则和追求四个方面来思考自己企业的愿景和存在的价值。

1. 道德

腾讯的愿景显然就属于这类,它强调哪些事情能做,哪些事情不能做。"古惑仔"之所以不能长久,就是因为他们不符合道德的准则。虽然人有自制力和交际能力,能明辨是非,但是人在大部分情况下是中立的,并不能判断出"是"与"非"。此时,只有明确的道德目标才能避免人们做错事。

这几年,百度的搜索引擎业务遭遇重创和"莆田系医院事件"有很大的关系,搜索引擎这一事物本身是没有问题的,搜索引擎附带广告无论从业务模式还是商业逻辑的角度来说也都是可行的,但是虚假的误导广告引发了国人的反感,从"道德"层面来说百度搜索引擎的竞价广告业务是有原罪的。

2. 责任

企业的存在必须承担一定的社会责任,这种责任也是对客户、对员工、对社会的一种承诺。"行业第一""世界领先"等可以作为企业家的个人追求,但不能称其为企业的愿景。

美国的西南航空公司成立于1971年6月18日,是美国航空企业中负债经营率较低、利润增长率最高的公司。2001年"9·11事件"之后,几乎所有美国的航空公司都陷入了亏损,但是西南航空却是连续第33年盈利,这其中的原因让人深思。在美国航空业劳资纠纷屡见不鲜,很多企业在旺季的时候拼命招人,淡季的时候则拼命地裁员。西南航空却一再强调员工的主人翁意识,强调工作并不只是工作,而是一项事业。所以在"9·11事件"后,西南航空承诺不裁员,员工也愿意为公司无偿加班,将预扣税返还给公司。

3. 规则

规则包括两个方面,一个指企业内部的运行规则,另一个指企业对社会秩序和商业规则的认可。1990年,"沈阳飞龙"靠铺天盖地的广告让"延生护宝液"一夜之间家喻户晓。1995年后,它由于资本运作失败,又和国家药监局因为抢注"伟哥"产生法律纠纷,最终消亡。它失败的最主要原因就是无视规律和秩序,缺乏对职业精神的尊重。

4. 追求

企业在制定目标的时候要体现长远的追求。1996年,3M公司将一些成熟的产业卖掉,把精力聚焦到主业,这看似震惊新闻界的新闻,其实是3M将所有资源集中在了实现"创造性地解决那些悬而未决难题"的企业愿景上了。

二、OKR 目标的几个必要条件

企业愿景的实现是需要较长时间的,企业在每个阶段都必须去完成一些事情并达成一定的目标,这些目标应该满足以下几个条件:

1. 有一定的难度

OKR 目标来源于企业的愿景，虽然已经经过了层层的分解，但是它仍然是有一定的野心和挑战的。OKR 目标不同于 KPI，KPI 只要够努力、运气够好就可以拿满分，OKR 是即使你很努力也未必能及格，其一般以 0–1.0 来计分，分数在 0.4–0.6 之间很正常，但是在 0.4 分以下也不意味着失败，它可能是非重要的目标，也可能是出现了一些问题。

总之，企业在制定 OKR 目标时不能停留在目前的经营能力和经济市场大环境上，要有一定的野心。如果员工在 OKR 上能拿满分，并不值得骄傲，只能说明企业的 OKR 本身就有问题。

2. 有一定的可执行性

OKR 目标虽然要有一定的难度，但是完全不能执行也不行。同时，所有的 OKR 目标还必须可量化，这一点和 KPI 相同。如果你设定的 OKR 目标是"让网站更漂亮"，这是肯定不行的，因为这一目标完全没办法量化，你可以将其改为让网站的响应时间减少 30%，让用户交互程度提升 15%。一个球队的终极目标自然是盈利，为股东、为所有球员创造财富，分解后球队经理本季度的 OKR 目标就是赢得超级杯的比赛，并使上座率超过 80%。球队经理可以将这两个目标分给下属的球队总教练和公关负责人。

3. 有时间节点

愿景虽然非常宏大，比如阿里巴巴的"成为一家持续发展

102年的企业",但是分解后的OKR目标也需要有时间的节点。企业一般会执行年度计划,然后分解为季度、月度、周OKR目标。有些OKR目标可能在短期内无法实现,但是也不能随意删除。

4. 目标控制在3~4个

一段时间的OKR目标不宜定得太多,一般3~4个为宜,超过5个基本上就很难达到了。

5. 目标一定要针对根源

有些公司业绩始终上不去,却一味增加业务员的数量,其实你在分析之后就会发现,真正问题的症结在于返修率太高,也就是产品的质量有问题。任何结果的背后总有许多原因,找到其中的主控原因才能让OKR目标制定得更合理、更有效。

OKR目标的终极来源是企业的愿景、使命,在平时执行的过程中需要将其进行拆解,分为年度、季度、月度和周目标。不同于KPI,OKR目标一定要定得高一些,要体现野心和战略。此外,OKR目标一定要分解到位,不宜太多,要具有可操作性、时效性和针对性,否则OKR目标就成了一纸空文。

OKR 目标的黄金圈分解法则

我们常常羡慕厉害的团队,他们总能在很短时间内将目标完成得更好。其实,他们的能力可能并没有比我们强很多,但是他们清楚目标是什么,具体应该怎么做。

下面,我们介绍一套黄金圈分解法则,如图 3-2 所示,帮助我们更好地理解目标的设定。

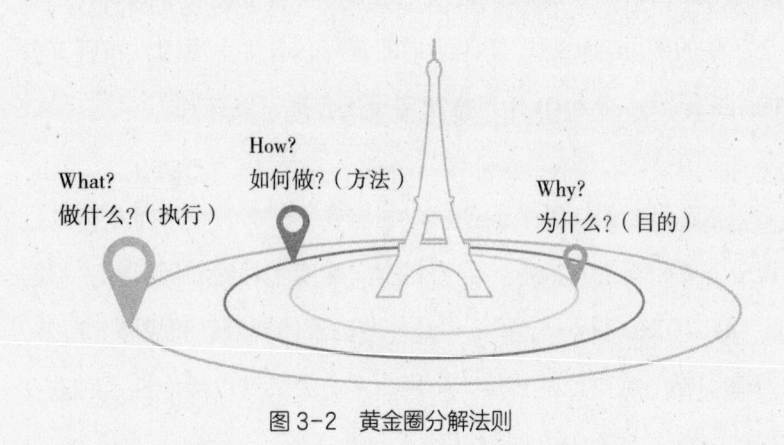

图 3-2　黄金圈分解法则

一、先解决 why 再解决 what

在目标设定之前,每个人都应该问自己一个问题:"为什么?"

一般人的思考逻辑是由表及里的，从 what 到 how 再到 why，黄金圈分解法则告诉大家思考应该从内到外，先思考 why，再思考 how，最后思考 what。

一般电脑生产商的思考逻辑是这样的：我有一台很棒的电脑，用户体验好、操作简单、设计简约，你不考虑买一台吗？

苹果公司的思考逻辑则刚好相反，从它的文案里也可以见到端倪。苹果公司强调自己的电脑是基于突破和创新的，它们运用了不同的思考方式（why），其突破和创新体现在设计的简约和操作的便捷，此外它们还配置了友好的界面（how），这一切的努力都只为做一台颠覆世界的电脑（what）。"我的电脑如此优秀了，你不考虑买一台吗？"

在黄金圈分解法则里，我们的思考步骤是这样的：

1. 为什么：这是最核心的关注点，即我为什么要掏钱买你的电脑，你的产品能给我带来什么？

2. 如何做：也就是实现目标的方法，即你凭什么说你的产品出色？

3. 做什么：这才是事情的结果，即你的产品到底哪些地方出色？

Nuna 是一家健康护理公司，它的老板是一个叫基妮的女子，她成立这家公司是源于她的弟弟。弟弟有很严重的自闭症，七岁那年第一次在迪士尼乐园发病。基妮的父母都是韩裔移民，英语说得很差，刚来新的国家身无长物。基妮帮助家人加入了医疗救助系统，避免了家庭破产，所以她也成立了一家健康护理公司，为像她弟弟一样需要救助的人提供健康服务。她认为每一条数据都是一条生命，每一条生命都需要被有尊严地对待。

基妮给了大家一个很伟大的 why，这让她的产品有了人格与性格。她让客户从内心认同这个产品，培养了用户的忠诚度。同时，她的 why 也形成了一个天然的漏斗，将服务对象定为那些需要医疗救助的人。

U2 乐队的主唱波诺对目标的理解也非常独到。刚出道的时候，U2 乐队整体水平很一般，他们也并没有追求完美的演出效果，而是思考了音乐与政治变革、音乐和社会影响相关的内容。

什么是音乐影响力的评价标准？传统的评价标准有哪些？这或许是一般乐队思考的问题。但是波诺思考的是音乐怎么才能更有用，音乐能不能激发政治变革。想通之后，波诺在 1979 年带领乐队组织了一次反种族隔离的演出，此后又在爱尔兰举行了一场支持避孕的演出，这些演出让 U2 乐队名声大噪。

同样是摇滚，波诺却带领 U2 乐队走出了一条不同于其他乐队的道路。他们首先"引爆"了自己，然后再"引爆"世界。

二、OKR 目标分解轨迹

OKR 并非万能钥匙，它不能取代强大的领导力。但是只有你发现了"为什么"，才能找到去目的地的方向。

下面让我们看一下谷歌的 OKR 机制，或许能更直观地帮助我们理解目标的分解轨迹：

1. 使命：谷歌存在的意义是什么？
2. 愿景：谷歌未来的蓝图是什么？
3. 战略：谷歌当前需要重点解决的事项。
4. 目标：近期必须完成的量化目标。
5. 关键指标：怎么在短时间内了解近期目标的完成情况？
6. 任务：把关键指标进行分解，拆解成一个个具体的可量化的任务。

谷歌的做法就是基于黄金圈法则，将 why 提到思考的最前面，然后通过量化，将目标进行拆分，拆分到一年、一个部门、一个员工，让每个人都清楚自己的目标，并进行一定的考核。

下面再让我们看一个电影当中的例子，演员马特·达蒙在《火星救援》里被独自留在了火星，为了生存，他对食物进行了层层的分解。他把同伴的和可以找到的应急食物加在一起，大概可以吃 300 多天。如果每顿饭省 1/4，他可以再多活 100 天。距离下一次火星考察还差 1060 天，他需要靠种土豆来解决。每次的收获可以让自己多活 90 天，那么剩余的天数就需要不断地种土豆了。做 OKR 目标分解就要像马特·达蒙一样，找到种土豆这个目标之后，就要通过目标管理和自我管理来达成目标。

制定 OKR 目标，初学者常常犯的错

电影《后会无期》里有一句话，"听了很多道理，却依然过不好这一生"。很多初学者虽然读懂了 OKR 的相关知识，但是在目标制定的时候依然存在诸多的问题。下面列举了一些初学者常犯的错误，我们从中来进一步了解一下制定 OKR 目标的精髓。

一、案例分析

1. 案例一：初创手游公司

实施层面：公司

OKR 目标：打造世界级手游公司。

截止时间：2017 年 12 月 31 日。

更新时间：2017 年 6 月 13 日。

关键成果：

KR1：月流水过亿；

KR2：年净收入 5000 万；

KR3：用户数量 2000 万；

KR4：成功推出一款手游产品。

点评：这是一家初创公司，在没有产品的情况下，提出要打造

世界级手游公司的目标，从目标制定的角度来说是很有问题的。

这个案例中有很多 OKR 初学者经常犯的错误，案例中的公司在连一款手游产品都没有的情况下，怎么能在 6 个多月的时间内达到月流水过亿、年净收入 5000 万、用户数量 2000 万的目标？一款手游的策划、制作周期怎么也要半年到一年，等手游做出来，公司的考核时间基本上就已经到了。所以这个目标的制定是非常失败的，并不符合公司的实际情况。

2. 案例二：非知名手游公司

实施层面：市场部

OKR 目标：提升产品知名度。

截止时间：2017 年 12 月 31 日。

更新时间：2017 年 3 月 20 日。

关键成果：

KR1：举行一场产品发布会；

KR2：注册用户突破 5000 万（新增 1000 万）；

KR3：与 100 家渠道商合作。

点评：这是一个将公司 OKR 目标直接拿到部门来用的典型案例。从市场部的角度来说，他们可以做到的是提升注册用户的数量、与 100 家渠道商进行合作。但是产品发布会总得有新产品才能举行，显然这个目标的制定没有对公司现阶段的情况了解清楚。

当部门的负责人看到公司的 OKR 目标之后，应该组织部门的员工进行头脑风暴，讨论一下要达成1000万的新增注册用户可以从哪些方面去努力。比如新增渠道合作商，或者通过大面积的广告投放让更多的用户了解这款手游，或者通过各种活动送装备、送道具等方式来吸引用户注册。市场部通过几条途径的分析，可以得出可能会给公司带来的新增注册用户的数量。

此时，我们就可以将其写进公司的关键成果里，这时新增注册用户1000万就不那么重要了，因为这些都是不可控的，没有考核的必要。

就算公司确实最近能举办产品发布会，但是也不好量化，毕竟发布会能有多少媒体到场，多少媒体会写稿，稿件发布之后能被多少人看见，能带来多少影响，这些都是未知数，并不好考核。

3. 案例三：大数据公司

实施层面：公司

OKR 目标：大数据 2.0 模型产品站稳市场。

截止时间：2017 年 12 月 31 日。

更新时间：2017 年 5 月 5 日。

关键成果：

KR1：5 月 30 日之前产品上线；

KR2：100 个核心用户开始使用 2.0 产品；

KR3：用户对 2.0 产品的满意度达到 80% 以上。

点评：这个 OKR 相对就比较标准了。首先产品站稳市场是基本的方向，有一定的高度和挑战性。三个关键成果能帮助公司实现大的 OKR 目标，而且可以量化。当 100 个核心用户使用产品之后就可以着手完成第三个指标了。

二、案例总结

看完以上三个案例，我们可以总结出初学者在 OKR 目标的制定中应当注意以下几个方面：

1. 目标要有高度但不能过于宏大

前面的内容我们已经提到，目标一定要有挑战性，如果团队轻易就能做到说明我们的目标制定得不到位。虽然目标要有高度，却不能太高。案例一就是一个非常典型的例子，在公司刚刚起步的情况下，却制定了一个"海市蜃楼"般的宏大目标，这是非常不现实的，即使制定了，也不能落地和执行。我们可以将公司目标修改为新手游获得一定的市场占有率，然后把用户注册数、用户反馈情况等作为关键成果。

2. 目标要与执行部门相匹配

公司目标和部门目标不是简单的对等关系，也不是简单的拆解关系，一定要结合部门的实际，聚焦到最核心的目标。

> 初学者在 OKR 目标的制定上可能会出现这样或那样的问题，本节所讲的是比较典型的问题，希望大家能很好地领悟。

OKR 目标制定流程

一个完美的 OKR 需要团队的努力,而不是一个人拍脑袋决定的。在 OKR 目标的制定过程中,经常会出现各种问题,这就需要团队的磨合。

一家手机公司,有一个打败苹果的梦,所以它希望自己的手机更薄一点、更快一点、外观更炫酷一点。结果,手机越薄散热越不好,速度越快手机耗电越快,外观材料又限制了功能器件。结果,所谓超越苹果的产品,最终效果却差强人意。

几个好东西加起来,有时候并没有成为一个更好的东西,而是成了一件废品。在 OKR 目标制定的过程中也可能出现这种问题,明明每个部门的 OKR 目标都很完美,最终却没有帮助企业实现 OKR 目标。

一、OKR 目标制定流程

标准的 OKR 制定流程是如图 3-3 所示的这样,即从愿景出发,逐级拆解,形成年度、季度目标,最后确定考核标准,并进行评估。在创建阶段,小团队会创建 2-3 个目标,并设定 1-3 个关键成果,形成初步的 OKR 草稿。草稿要提交给整个团队复审,整个团队以研讨会、沟通会的方式进行讨论，并对其加以优化。

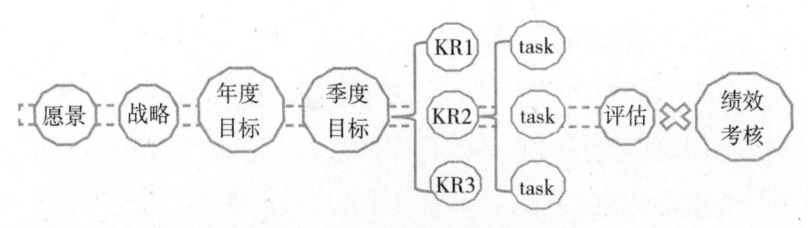

```
愿景 — 战略 — 年度目标 — 季度目标 ┬ KR1 — task ┐
                                ├ KR2 — task ┼ 评估 ✕ 绩效考核
                                └ KR3 — task ┘
```

图 3-3　标准的 OKR 制定流程

当目标的内容需要与其他团队沟通并达成一致的时候，则需要执行水平对齐操作。在很多时候，部门与部门之间存在依赖的关系，比如销售部和市场部、产品部和销售部、产品部和设计部等等。有时候可能会出现两个团队共同实现一个 OKR 目标的情况，比如产品部和研发部，一个负责产品的技术，一个负责产品的外观。如果出现跨部门的情况，则需要多方坐下来商讨，最终联合制定出 OKR 目标。最终的目标要交给高层审批，最后由人事部门或者总经办发布。

无论是企业还是部门，抑或是个人的 OKR 目标，都应当是共享和公开的，这一方面可以让全公司所有人都了解公司的目标和各部门的动态，也给每位员工一个很好的激励，当看到别人的 OKR 进度达到 50%-60% 时，你如果还是一片空白的话自己也会不好意思。

二、目标之间的层级关系

一旦公司的 OKR 目标制定了之后，部门和个人就要开始从上到下来制定自己的 OKR 目标了。公司、部门、个人的 OKR 目标是一个相互衔接的关系，并不能简单地进行拆解。

举个例子，如果公司级的目标是"让上网速度飞起来"，行政部的目标可以是"创造最优的工作环境"，包括购买更多的带宽，更换传播效果更好的无线路由器等等；人事部的目标可以是"打造最强的产品研发团队"，让更多的人才来公司共同加入优化上网速度的项目之中；产品部的目标则可以是"开发速度更快的浏览器"，减少浏览器的响应时间，提高搜索的准确率。

可见每个部门的目标都是不同的，而且都是基于自己部门的资源和职责的。每个部门都承接着公司的目标，然后去建立自己部门的目标，每个人根据部门的目标再建立自己的目标。当一个岗位的员工对公司的目标不能产生贡献的时候，他是不需要制定个人级的目标的。比如一个管档案的老王，面对"让上网速度飞起来"这个公司级的目标时，他的工作内容和职责范围是对其没有足够的贡献的。

在建立子目标的时候，一定不能盯着上级的 KR，而是要盯着上级的 O，不能把上级的 KR 作为本部门的 O。公司的 OKR 目标一般由 CEO 负责，他需要关注整体的、战略层面的目标，作为个人的你只需要关注你参与的项目，实现项目的目标即可。

三、目标差值的解决方案

有时候所有部门的 OKR 目标都实现得很好，但是公司的 OKR 目标却进展缓慢，这说明子目标对公司目标没能产生太大的影响。这个现象就必须引入"目标差值"这个概念来具体分析。下面我们来看一个例子：

公司级目标：提升用户体验。

市场部：收集用户反馈；

设计部：优化产品设计；

人力资源部：引进人才；

品牌部：提升产品知名度。

从这个目标的承接关系来看，上下确实是一致的，但是用户体验并没有提升。其实并不是现在团队的员工技术不强，只是他们大多是已经来公司几年的"老人"，或者是在行业里待了多年的"资深人员"，很多思维比较僵化，设计的流程比较复杂，过程比较烦琐，所以用户体验并没有提升。如果人力资源部能给研发团队配几个有"奇葩想法"的 95 后，或许这个目标的完成情况会更好。

当然问题也可能出在行政部，他们为了让引进的人才更好地工作，为其创造了更加舒适的环境，结果这些人都去享受生活去了，反而没那么努力写代码，或者该写代码的时候都去玩游戏了，原因是公司网速足够快。

这个时候，公司就需要调整自己的目标。比如改为：

公司级目标：提升用户体验。

市场部：收集用户反馈；

设计部：优化产品设计；

人力资源部：加强产品人才梯队建设；

品牌部：提升产品知名度。

这样的 OKR 可能更有利于公司达到整体目标。在制定 OKR 目标的时候很多公司还会出现这样的问题：比如某家互联网公司的部门非常多，产品线也非常多，公司的 OKR 目标是"提升用户体验"，但是搜索引擎运营部的 OKR 目标是"提升搜索引擎的使用量"，这一目标对实现公司 OKR 目标是没有任何帮助的，也可以说这个部门的工作对整个公司目标的达成所贡献的价值非常有限。员工付出了努力，但是 OKR 的结果却非常不好，这对企业来说就是一种浪费。

在 OKR 目标的制定过程中，个人需要摒弃自身，服从团队和整个公司的 OKR 目标。当然，OKR 目标的制定也需要个人和团队共同的参与，公司要鼓励管理人员和员工坐下来协商。如果所有的 OKR 目标都是领导层下达的，那这样的 OKR 和 KPI 没有任何区别，也不会调动员工的工作激情。此外，在公司 OKR 目标调整的情况下，个人的关键成果也是可以调整的，要通过协商来制定优先级,以此来衡量OKR目标的进展情况。

让OKR目标不断激励员工

目前在国内,一般企业使用的还是KPI的考核办法,绩效考核分数和晋升、调岗、奖金分配等密切相关。这就造成了一个现象,很多主管为了不得罪人,只要员工的工作没有被投诉到老板那里,基本上他们每个月的分数差别都不大,部门同岗位之间的分数也相差无几。大家一团和气,但中庸的做法最后使员工渐渐失去了工作的热情。

一、OKR目标怎么激励员工?

如图3-4所示,OKR一个很重要的特点是不与绩效挂钩。前

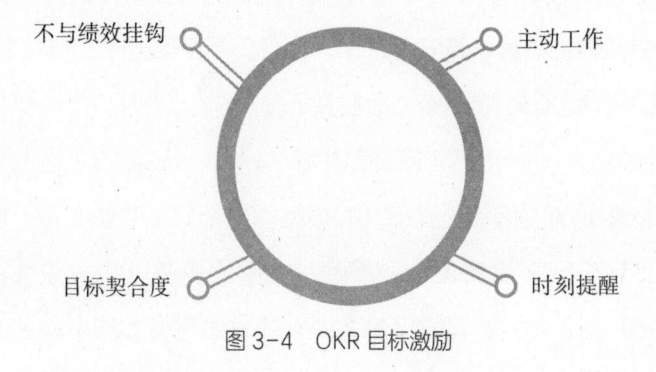

图3-4 OKR目标激励

面也提到，OKR 的目标一般都定得比较高，即使"跳"起来也未必"摸"得到。特别是在互联网公司，OKR 目标的制定意在创新。在探索未知领域的时候，往往是没有方向的，如果正好打中了十环，那自然是很好，如果只能打中四环，那是不是说明员工的能力不行，或者他们上班不努力呢？

其实企业如果能达到 OKR 目标，比 KPI 考核满分更有价值。打个比方，美国 NBA 常规赛一般会评选 MVP，即最有价值的球员。它的评选指标包括能率领团队拿下好成绩、作为球队的 C 位起到核心作用、能让球队变得更好等。一个 MVP 显然比一个进球最多的球员更有价值。

如果你是一个有清晰职业规划的员工或管理者，你一定更关注公司 OKR 目标和自己个人目标的契合程度。一旦契合度非常高，个人在组织里自然有更强的内动力。

OKR 目标一般只是大的方向，甚至只是一个框架。员工在执行的过程中有很强的自主性。很多时候是公司给你一个目标，然后工作时间自己安排。规定时间到期后，你就拿着成果向公司汇报。现在的 90 后特别不喜欢被安排工作，他们会更喜欢这种工作方式。

此外，很多公司的 KPI 是常年不更新的。比如一个自媒体公司，它每个月的 KPI 可能都是增加 1 万粉、头条平均点击量每个月增长 2000、阅读量超过 10 万的文章每个月增加 2 篇。但是 OKR 目标是定时更新的，一般是一个季度更新一次，并且每周会开两次碰头会，看看部门的进度、公司的进度、同事的进度和自己的进度，一旦你的进度低于团队的平均水平，你就会自己调整。频繁的会议，也给 OKR 目标的执行时刻敲响警钟。

二、OKR 目标与管理理念

谷歌是较早引入 OKR 的企业，它将 OKR 目标分为两类，一类是承诺型目标，另一类是愿景型目标，也可以称为挑战性目标。

承诺型目标一般与谷歌的日常考核紧密相关，比如要求销售目标完成 100%，所有人应该在考核期内完成这一目标。而挑战性目标风险很高，更侧重未来，虽然平均失败率在 40%，但是它依然是谷歌 OKR 重要的一部分。

谷歌每年会有两次 focal review（焦点审查），由自评和他评组成。自评就是自我评价，主要描述上一次焦点审查后自己的主要成就和贡献，以及个人的能力在哪些方面得到了提升。他评往往是上级指定与自己相熟的人，或者与自己工作有交叉的同事，来对被评估人进行相对排序，方便奖金的发放。每次审查之后，薪资、奖金都会进行相应的调整。一般公司，哪怕是执行了 OKR 的公司，都会将直系上司的评价作为一个主要的考核指标，谷歌却采用了更加民主的做法。

谷歌没有一个明确的奖金计算公式，奖金也不与加班时间等挂钩，奖金的多少在于项目的重要程度。即使你的项目非常小，但是你完成了 OKR 目标，那么你的奖金也可以很高。项目的重要程度也不取决于直系上司或者公司的决定，而是来自同事的评价。

每个季度初，谷歌会将每个人手中的项目和 OKR 目标进行公示。季度末，谷歌会将每个项目的进展情况再向所有员工公示，并附上员工的照片和姓名。在这种强曝光和更加公平的环境下，谷歌的员工势必非常投入，这也是谷歌能常年保持创新力的主要原因。

谷歌的创始人之一拉里·佩奇曾表示，每个人从内心来说都是希望逃避风险，而不是在不确定中去寻找机会。所以当你制定了一个疯狂的计划，即使没有成功，你也会觉得非常有成就。但如果是做成熟的工作，哪怕已经改进了 10%，你也会觉得你和其他人一样，即使成功了，你也不会觉得特别有成就感。佩奇希望谷歌能做出超越对手 10 倍的产品和服务，而不是在原来的产品上提升小技术，搞搞小创新。

创新就意味着你要面对较高的风险，谷歌的做法是告诉每一个员工 OKR 目标实现的重要性，并鼓励你一定可以成功。当你确定了 OKR 目标之后，所有的人都会成为你的后盾，支持你去迎接挑战。当你决定哪些 OKR 目标要优先执行的时候，公司所有的资源也都会向你倾斜。

围绕 OKR 目标的企业绩效管理，应当让每个员工都参与其中，当他们写下自己创意的时候，你就会很直接地发现这些创意来自哪里。那些升职最快的人，一定是创意最多、完成最好的人。猜忌、推诿、办公室政治等问题也会迎刃而解。精英阶层的盲目自信和自负也会得到遏制，更公平的精英文化会在阳光下蓬勃发展。

但目前，国内引进OKR管理的企业非常少，且大多流于形式。OKR管理在国外也只是针对高科技公司、创新型公司，一般的传统企业并没有引进。

而长期使用OKR来考核的谷歌、英特尔都是科技航母型企业，它们的盈利能力能支持其不断试错。它们的员工都是从全世界招募来的精英，本身素质也非常高。谷歌员工的敬业精神足以让很多公司叹服，不需要公司实行"996"工作制，很多程序员都是长期在公司住，24小时投入到自己喜欢的工作中，中国职场的大部分员工的素质还跟不上。

对一个蛋糕店老板说OKR管理，他可能连一个季度的OKR目标都提不出来。很多公司除了销售岗和市场岗能制定一些比较能量化并且有野心的OKR目标，其他的职位都比较传统，要每个季度谈一次"梦想"也不太现实。

还有很多企业将KPI和OKR结合起来管理公司，用KPI管理承诺型目标，用OKR来管理挑战性目标。这些企业将常规和日常的工作用KPI来考核，要求员工必须做好这些工作；让OKR目标来保持公司的活力，做前瞻性领域的研究和提前进行"未来科技"的布局。目前这种管理方法还是可以尝试的，OKR目标管理所体现的全员参与、公平晋升、摒弃精英文化等内容还是值得国内企业在管理中多进行思考的。

第 4 章

创建目标的关键成果——KR

OKR 的标准结构就是 O+KR，当然 O 和 KR 不是随意组合的，需要靠严密的逻辑关系将其串联起来。

一文看透 KR

上一章我们主要讲了 O，也就是目标。这一章我们主要谈 KR，也就是关键的任务成果，简单地说就是要达成目标，我们需要做什么，主要解决的是 how 的问题。

一、什么是 KR？

下面我们来看一个标准的 OKR：

有一家公司希望通过提升电话销售的力度和效率来达到一个季度 1000 万的业绩。要实现这个目标，必须要完成：

1. 电销部每个季度需要打 6300 个电话；
2. 每个季度至少要完成 315 次成功的电话销售；
3. 要保证 33% 的网上注册是从电销部产生的。

上面这三个关键成果，就是 KR，它们的作用是帮助电销部达成一个季度 1000 万业绩的目标。

在 OKR 中，最关键的部分就是设置 KR。KR 包含两个部分：一个部分是途径描述，也就是我们要怎么做才能达成目标；另一个部分是评估标准，也就是可量化的数据。电销部每个员工打电话就是达成目标的途径，每个季度 6300 个就是可量化的数据。

二、KR 的制定原则

KR 制定的根本原则是 SMART 原则，SMART 原则强调 KR 的绩效标准必须是具体的，必须可以衡量，必须可以达到，必须和其他标准有一定的关联性且有明确的截止期限。

KR 是从下到上制定的，而不是从上到下指派或者部署的。与目标 O 不一样，KR 越是由下属自己制定，就越能有好的成果。此外 KR 的制定一定要考虑各种情况，要像精算师一样将所有的前提和结果都考虑在内。

以下便是制定 KR 的五个原则，如图 4-1 所示。

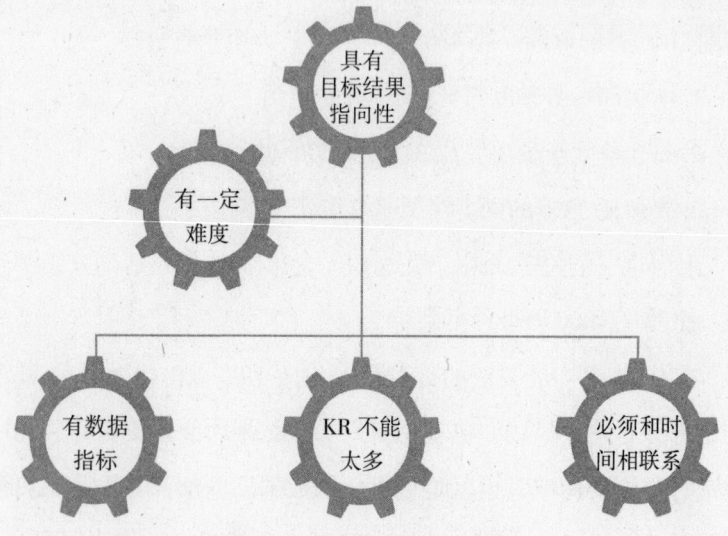

图 4-1　制定 KR 的五个原则

1. 具有目标结果指向性

KR 设定后，意味着我们必须按照这个路径去做，才能实现目标，不然就是做无用功。这个特点和 KPI 刚好相反，KPI 的难度在于数据，其数据是可以讨价还价的，但是 OKR 不能。OKR 的关键成果是对先前设定好的目标进行过程性和结果性的描述。

2. 有一定难度

制定 KR 时需要创新和一定的进取心，多数情况下它的路径不是常规的路径。

3. 有数据指标

为了可以衡量 OKR 的执行情况，KR 中一定要有可衡量的数据。

4. KR 不能太多

KR 的数目一定不能太多，2-5 个为宜，最佳的数目是 3-4 个。

5. 必须和时间相联系

KR 的执行一定要加一个期限，否则毫无意义。

三、KR 的四种类型

1. 基线型 KR

一个公司刚刚更新了战略，此时就会基于这个战略制定 KR。但是这个新的 KR 可能以前从来没有执行过，所以此时你需要制定一个基线型 KR，以这个 KR 作为下一个周期的参照基线值。

2. 度量型 KR

度量型 KR 被设计出来就是为了度量你是否完成了指标，它分为正向度量型、负向度量型和范围型 KR。正向及负向度量型 KR 很好理解，一般指数据增加了多少或者减少了多少。范围型 KR 一般指的是一个区间，比如培训机构，每位老师的闲置率一定要控制在 5%-10%。

3. 里程碑型 KR

当你要做的事情具有二元性时，你要么做到了，要么没做到。通过评估方法，我们就可以将其转化为一个里程碑型 KR。例如，我们将推广公司的新产品到世界多个国家和地区定为 KR，这个 KR 只有两个结果，要么做到了，要么没做到。我们可以根据推广的国家数量来制定 KR 的评分等级，比如这些国家全部推广到了得 1.0 分，推广到了德国、英国、意大利三个国家得 0.5 分。

4. 健康度量型 KR

举个例子，一家公司希望能够提高客户的忠诚度，所以它制定了"净推荐值"这样的指标。但是这个指标的一次性表现并不能体现客户忠诚度的水平，所以我们必须持续地关注，这时公司就需要制定健康度量型 KR 了。

四、KR 与 O 的关系

我们谈 KR 的时候就不得不提到目标 O。OKR 的标准结构就是 O+KR，当然 O 和 KR 不是随意组合的，需要靠严密的逻辑关系将其串联起来。目标是蓝图，关键成果是路标，只要沿着路标走，就一定能到达目的地。

目标对 KR 有直接的影响，那么 KR 对目标有影响吗？下面有一个小故事，能更清晰地说明 O 和 KR 之间的关系。

一位保险推销员想达成年薪百万的目标，于是他向他的老师咨询，如何通过 OKR 目标管理法来达成目标。

那么我们就来看看，这位保险推销员到底要多努力才能达成年薪百万的目标。根据保险业的提成比例，100 万的年薪大概要做 300 万的业绩，平均到一个月就是 25 万，一天就是约 8300 元。要完成 8300 元的业绩，这位保险推销员每天需要拜访至少 50 人，一个月就是 1500 人，一年就是 1.8 万个客户。

老师问这位保险推销员，你有 1.8 万个 A 类客户吗？他说没有。如果没有这么多 A 类客户，那么推销员就必须靠陌生拜访来达成目标，一个客户最少要谈 20 分钟，一天谈 50 个人，就要花费近 17 个小时。这还只是和客户交谈的时间，算上交通、等人的时间，预计每天的工作时间至少在 20 个小时以上，如果客户之间距离比较远，24 个小时估计都不够。显然这是谁也做不到的，可见任何目标都需要一个可达成的 KR 来支撑。

目标和关键成果不是孤立存在的，而是相辅相成的。目标指导关键成果，关键成果的有效性影响着目标的达成。所以，在制定目标的时候一定要考虑关键成果，考虑怎么做才能更好地完成目标，否则目标定得越高，达成的效果越差。

五、目标不变，KR 可以不断调整

我们在设定 KR 的时候要明白一点，即任何做事的路径在做之前都是未经证实的，是否有效谁也不知道。KR 的所有任务都可以说是一种假设，要靠结果来证实它们是否有效，所以 KR 是可以调整的。

此外，KR 是根据 O 来决定的，目标如果不断调整，就会给 OKR 执行过程中带来很多的困难和不确定性。也就是我们常说的公司一天一个要求，让人难以理解，也让人有了一种想法，反正明天就要换目标，为什么我今天还要努力？所以，目标一般是不能变的，能变的只有达到目标的办法和途径。

举个例子，今年高考你的目标是考上本科，你已经通过调整复习节奏等一系列措施取得了不错的成绩，但是依然挡不住"黑天鹅"事件的发生，比如今年你填报的学校录取分数线暴涨了 100 分，然后你掉档了。如果你选择读大专或者出国，那么你的目标就基本上等于没有实现。

此时，你可以采取其他的方式，比如先读专科然后套读本科，或者加入国际合作的"3+N"模式，或者去参加专升本考试。当环境已经发生不可逆的转变的时候，你就要不断调整 KR，以达到我们预先制定的 O，而不是随便调整 O。如果一个人常常调整目标，那就基本等于在变相地安慰自己，给自己找借口。如果放在工作中，一旦完成不了目标就找各种借口，人为地调整目标，最后必将一事无成。

因为O是有挑战性的，所以普通的KR肯定不能达到目标，此时KR需要的是不走寻常路。此外，每个O和每个KR都是精挑细选的，一个KR不能完成，O就没办法完成。假如一个O下面有四个KR，那么这四个KR就像桌子的四只脚，如果哪一只脚特别长，桌子肯定放不稳。如果只有一只脚，桌子肯定就倒了。这说明一个问题，支撑O的几个KR一定要受力均匀，不能一个简单其余难，更不能一个完成了100%，其余完成了10%。

在执行OKR的过程中，一旦发现哪个KR执行不下去了，或者执行后对目标没有任何的利好作用，就要赶紧想办法用新的KR去更换它。但是新的KR一定要与其他KR的难度一致，否则就会出现前面的情况，目标依然不稳。

我们在评价一个公司OKR的执行情况时，KR的更换情况是重点考核的指标。比如，一个公司的KR在一个周期内（如一个季度）更换了十几次，这说明该公司在制定KR的时候比较草率，并没有经过深思熟虑。如果一个公司在整个周期内只更换了几个KR，这说明该公司一直躺在舒适区，KR的设定要么太低，没有挑战性，要么就是大家很容易就放弃了，并没有全力以赴。一个有挑战性的KR是很容易激发大家挑战的欲望的，在这个过程中需要不断地试错，不断地改进，否则很难达到效果。

总之，在目标的执行过程中常常会碰到各种各样的问题，遇到各种各样的困难，但是有挑战性的 KR 才能支撑起创新性的目标 O。造成 KR 无法执行下去的原因很多，如果确定某一个 KR 不能执行就需要更换，否则会对其他 KR 造成很大的压力，最后让 KR 空转，对 O 的执行没有任何意义。此外，KR 如果不切实际，不仅执行不下去，还会直接导致目标无法实现。

⇨ KR 设计和执行中常犯的错误

上一节我们讲了 KR 的一些基本特性，也介绍了 KR 和目标之间的关系，以及目标不变、KR 可以不断调整的原则。虽然很多初学者读懂了上一节的内容，但是在 KR 的设计与执行中依然把握不好。

以下的内容是 KR 设计和执行中比较常见的问题，希望大家格外注意：

一、KR 不能是常规工作

一家社交网站，正在计划上线一个互动小游戏，IT 部以此作为 KR 来实现提高用户活跃度的 O，这个 KR 合理吗？

每天写多少代码，做一个程序实现什么功能，即使你有可量化的数据，这些 KR 也是没有任何意义的。KR 不能是日常的工作，必须有一定的挑战性。只有设定挑战性较高的 KR，才可能带来更好的绩效和更高的工作效率。此外，KR 设定得越高，越能激发团队成员的创造力，越能集中团队的智慧独辟蹊径去寻找更优的解决方案。

二、同一 KR 不能长期使用

一般 OKR 的运行周期是一个季度，但是确实存在一些 KR 是需要经过长期的努力才能看到成果的，比如品牌影响力、用户口碑、员工满意度等，这些 KR 可以被认为是"保健类"指标。这种 KR 虽然有价值，但是很难在三个月内支持到企业的快速发展或者解决某个实际问题。类似的 KR 如果列入我们的 OKR 意义不大，基本没有参考价值，还会影响我们对目标的战略聚焦。

三、避免不恰当的终极结果式 KR

有时候我们为了得到最终想要的结果，会设计一些类似"大结局"的终极结果式 KR，比如年利润达到 5000 万、企业市值突破 1000 亿等等。有的行业淡旺季会非常明显，淡季几乎没有收入，全靠旺季的营收，此时如果将 KR 设计为半年的营收，其实只考虑了淡季，或者只考虑了旺季，这是不恰当的。还有一些企业，老客户在销售中的占比高达 99%，企业在设计 KR 的时候虽然写的是整体的销售额，其实就是老客户的销售额，这也是不恰当的。

四、要明确 KR 执行的前提

KR 是实现目标 O 最重要的指标，有时候一个看似非常有竞争力的 KR，却要复杂的前提才能实现，或者需要很多的参考维度。比如，研发出一个能省油 90% 的新产品，这个 KR 可能需要很多的前提，是改成油电混合后省油，还是直接降低油耗？这样的 KR 一般很难执行，需要进一步明确前提。

五、正确处理上级 KR 与下级 O 的关系

企业在设计 KR 的时候，可以将上一级的 KR 转化为下一级的 O，使上级的 KR 能在下级的工作目标中得到分解和承担。当然这种分解不能简单地理解为拆解，它关注数字，但是更关注这些数字完成后对 O 的贡献。

这样做不仅能让目标落地更"显性化"，同时能保证目标落地的可行性。有些公司的 KPI 在设定时往往会把一些销售指标分解到财务部，要知道财务部虽然管钱但是并不能创造业绩，OKR 就不会出现这种情况。

如果是多个团队合作实现同一个 O 的时候,可以各自拆分形成自己的 KR,再由目标串联而集成到一个网状图中,每个人各司其职,目的就是为了团队作战。OKR 不仅强调纵向的分解,更强调横向的协同,实现"上下左右对齐"。OKR 强调的是自我目标的设定和自我控制,如果一家公司业绩出现问题,一线员工肯定最有发言权,领导层要做的是与公司所有的员工达成目标上的一致,并通过一层一层 KR 的强化,最终使目标落地。

六、若 KR 不能量化可依靠其他维度评定

KR 能量化的时候一定要量化,这个量化可以通过数字之外的质量、时间、成本和评价等多个维度来实现。对于质量,你可以用质量标准来进行评判,比如以 ISO9001 质量管理体系为标准。对于时间,你可以通过制定项目完成的时间,或者项目完成的节点,以日、周、月、季度、年来计算。对于成本,你可以通过计算用了几成的预算完成了这个项目来评定。至于评价,可以是上级的评定,也可以是同事或者客户的评定,但无论是哪种评定,都带有明显的主观性,所以你一定要用多维度、多区间来评定,以保证评价的客观性。

如果 KR 完全不能量化,则需要将其细化。细化就是把工作任务进行拆分,明确干到什么程度、干到什么标准、主要由谁负责。如果细化也做不到,那就只能流程化。有些职能部门岗位,

比如设计师、打字员、会计等，其工作内容比较单一，很难量化和细化，此时你可以采用流程化的方式，根据其工作流程的进度或者各个阶段的分类，来寻找合适的考核指标。

七、KR 一定要有明确的负责人

　　当我们从上到下来推动 OKR 时，所有员工就都有了承担 KR 的机会。正因为 OKR 不是由领导指派的，所以必须有人来承担 KR。提出有效 KR 的员工，往往是对工作内容非常了解，且有自己想法的员工，他们比上司更懂其中的逻辑和困难，所以他们可以承担未来一个季度 KR 的设计和执行工作。

　　每一位 KR 负责人就像一个产品经理，他必须对每个季度需要交付的东西非常清楚，所以他们需要制定解决方案，调动内部资源，甚至动用自己的关系去寻找外部资源。当一个 KR 出现变动的时候，这位负责人必须重新权衡项目的可行性。比如当取消了一个 KR 后又新增了一个 KR，或者变动了参与的成员时，KR 的负责人都需要重新对其评估和安排，他们要根据 KR 内容来增加其他任务或者减少其他任务，抑或将先前的任务压后，将紧急的任务提前。

　　当遇到 KR 出现重要变动、明显脱离实际、项目实施环境出现变动、原先存在的资源现已流失、项目进展一段时间后出现严重落后等情况时，KR 负责人都需要召集小组成员进行讨论，了解其原因和可能对未来产生的影响，要么对当前的 KR 进行修订，要么就调整路径去实现目标。

在进度严重滞后的情况下召集小组成员进行讨论，可能会被认为是浪费时间，其实从项目的整体运行情况来看，这个时间绝对是值得的。否则任由其发展，季度目标是很难实现的。这就要求 KR 的负责人有沟通和组织的能力，能习惯性地发起讨论和交流。

有一点必须明确，KR 的负责人并不是奖惩的承担者，但是他们要负责 KR 的推动。而且这个负责人是可以轮换的，这样每个人都有表现的机会。

八、KR 的描述一定要正面

KR 具有一定的前瞻性，一般会定得比较高。在描述 KR 的时候，用语一定要正面，越乐观、越积极越好。比如某一 KR 的描述是"把整本书的错字率降低至 10%"，就不如改成"把整本书的文字正确率提升至 90%"更加鼓舞人心，只有正向的信息才可能调动大家的积极性和工作热情。

九、KR 的描述要准确、精练

描述 KR 的时候一定要准确、精练，非关键项就不要再写了，只写最关键的部分。语言要平实，不需要诗意的语言，也不需要太长的篇幅，要让人看一遍就能看懂。

KR 描述是否准确、精练的重要指标是当季末公司对 KR 进行评分的时候，一定是非常简单和轻松的过程，这一过程就像老师为试卷打分一样，答中几个知识点得几分。

十、KR 不能过于追求指标

职场有一句名言，即"老板评估什么，员工就做什么"。但是有时候我们过于追求指标，反而会做一些不明智的、对公司未来发展不利的事情。举个例子，有一家餐厅，每天下班的时候经常会出现大量的熟食没有卖完的情形，当时公司为了节省成本，给每家门店制定了一个"晾晒"的 KR 指标，要求餐厅晚上 11 点到 12 点间在没有客户点单的情况下不再准备熟食。虽然从表面上看，这似乎解决了餐厅熟食剩余的问题，但是夜晚点单的客户嫌上菜慢了，客户就不会光临了。这就是好心办坏事的典型案例，一个看似合理的 KR 却导致了不良的后果。

> 以上就是 KR 在具体的设计和执行过程中需要注意的十个问题。总的来说，KR 和目标 O 一定要配合好，不能以常规工作来设定 KR，不能长期使用同一 KR，而且不能以模糊的 KR 描述来逃避考核，遇到问题要及时沟通，通过不断调整来促进目标的实现。

如何找到最佳的目标达成路径

我们常常遇到这样尴尬的情况：年初大会制定的目标，到了年终的时候发现相差太多。这就是大家常说的"理想很丰满，现实很骨感"。

当然原因有很多，可能是前面所说的出现了"黑天鹅"事件，比如经济大环境的突然恶化、政府的环境监管或者政策调整、美国的贸易保护主义等等。这些都是不可抗力，企业如果不能跟上外部环境的变化，就很容易出现结果偏离目标太远的情况。

当然还有一种可能性，那就是你设定的 KR 不能支撑你目标的实现，换句话说就是 KR 都达到了，但是目标并没有实现。按理说，O 是目标，KR 是实现目标的步骤，当所有的 KR 分数达到 1.0 的时候，O 的分数也应该是 1.0。但一个必要而不充分的 KR 很容易造成目标无法实现的情况，这就需要我们掌握正确方法，快速找到最佳的目标达成路径。

一、思考 KR 的"框架思维"

下面我们来探讨 KR 的常见制定思维。当你拿到一个目标的时候，你可能会束手无策，特别是在 OKR 的目标非常有挑战性的时候。面对复杂而宏大的目标,我们到底该如何实现?此时,你需要有一个思考"框架"。

什么是框架?任何事物都不是孤立存在的,而是由一个又一个的系统组成。框架就是找到其中的关联,让它们有机地联系起来。比如,人类对不同物种的基因进行了测定排序,最终掌握了其中的规律,那么我们就可以以此规律来分析人类自己的基因排序,一旦掌握了其中的秘密,人类就可以自己掌握自己的生命,这就是一个完美的框架。

框架所反映的规律有时候不一定是眼睛看到的、耳朵听到的东西,也可能是靠经验推理出来的内容。比如,爱因斯坦在 1915 年就提出了"引力波"的概念,但当时谁也没有看到过,直到 2015 年美国科研人员才第一次检测到了引力波。爱因斯坦甚至没有上过太空,他的引力波理论完全靠的是系统规律的推导。

我们在拿到一个目标的时候,也要用框架的思维去分析,找到其中的规律。如图 4-2 所示,"框架思维"中核心的一点就是系统思维。系统思维的特性包括整体性、结构性、立体性、综合

图 4-2 思考 KR 的"框架思维"

性、动态性,前四种特性是基于框架本身产生的,动态性是基于框架内部各个元素的变动而产生的。

如果你去大公司工作,你可能经常会碰到需要用系统思维来解决的问题。比如,公司想了解上海有多少辆自行车,你就可以运用系统思维,先查一下上海有多少人口、人口结构是怎样的、哪些人可以骑自行车、骑车人大概占比多少,你还可以算一下上海有多少条公路,每条公路能容纳多少辆共享单车。如果在以前,每辆自行车都要上牌照,你也可以通过查询自行车的牌照来判定上海大概有多少辆自行车。

当然,有时候严密的系统思维也并不能解决问题,这时你还需要发散思维。发散思维就像你在上学的时候,老师总希望每个学生针对一道题能提供多种解题方法一样。发散思维的目的是构建和改善框架,它通过思维的发散,寻找更多的解决方案,从而对已有的框架进行修订和重构。

比如要研究一枚曲别针有什么用处,你可能想到的是别文件、别胸卡等常见的功能,其实曲别针的用途可以归纳为钩、挂、别、连四个关键字。除此之外,你还可以提取曲别针的材质、重量、长度、横截面、弹性、韧性、硬度、颜色等诸多元素进行组合,这样一枚小小的曲别针就可能达到数千种的功能。

水平思维则需要后期的归纳和演绎,使所有的思考内容形成一个框架,然后在框架上进行分析,寻找目标的达成之道。水平思维最常见的案例就是逆反思维,比如你要增加500万粉丝,通过买粉丝这一途径肯定不行，通过自媒体大号进行导流的预算也不够，最后经过排除法你发现了最省钱的方式是资源互换、加群导流等。

二、围绕目标进行内驱动力筛查

上面讲的是思考模式，即当我们拿到一个目标的时候可以从哪些方面去思考。在制定 KR 的时候，我们一定要运用上面提到的"框架思维"，围绕目标找到最根本的内驱动力。

1. 检查其商业逻辑。在商业实践中，常常有一些约定俗成的或者经过多次试验已经成为"真理"的商业逻辑，比如销售收入 = 流量 × 转化率 × 客单价。

因此，你的 OKR 可以这样制定：

O：提高销售收入。

KR1：多渠道宣传，让日流量达到 5000 人；

KR2：通过数据分析、优化客户体验等多种方式，让转化率提升至 40% 以上；

KR3：通过各种减免、优惠券发放等活动，将客户的消费单价提升至 100 元以上。

2. 对于影响关键成果的关键因素，我们可以根据行业经验、行业其他用户的实践结果来进行综合分析，最终根据最重要的影响因素来分解关键成果。

下面我们举个例子，要提高客户的消费单价，行业内一般会采取四种方式：

（1）价格刺激，比如低价秒杀、组团优惠等等。

（2）销售推荐，比如在淘宝中将某一商品加入购物车之后，客服会告诉你店铺内还有一些商品也在做活动，有需要可以看看。

（3）关联推荐，比如一般网站的关联商品推荐，就像"买了又看"之类的广告。

（4）产品组合，比如买一本书30元，但是再加一本组合之后可以打八折。

按照上面的逻辑，我们的OKR可以这样制定：

O：提高客单价。

KR1：通过低价秒杀刺激，新增10万元的销售额；

KR2：通过关联价格优化，实现50万元的销售额；

KR3：通过产品组合设计，实现100万元的销售额；

KR4：优化商品销售的推荐方式，每周根据反馈情况有针对性地进行客服人员培训。

3. 将目标进行360度扫描，通过不同的维度来设计KR。

下面我们来看一个例子：

O：打造一款爆款手机。

KR1：设计炫酷，能获得10家主流媒体的高度认可并报道；

KR2：配置超大广角摄像头，优化超微距摄影效果；

KR3：实现手机快充，充电5分钟，通话2小时。

4. 前面我们也提到，有些KR是不能用准确的数字来衡量的，在设计这类 KR 的时候可以考虑用其他维度来进行评定。

下面我们再来看一个例子：

O：完成 A 项目的所有前期开发工作。

KR1：7 月底之前，A 项目的结题获得通过；

KR2：获得 3 项发明专利。

如果项目完成的路径非常清晰，我们也可以通过时间节点来设计 KR，比如下面这个例子：

O：完成公司的 OKR 导入。

KR1：7 月底之前，邀请外部顾问来公司进行 OKR 培训；

KR2：8 月底之前，管理层进行 OKR 辅导；

KR3：9 月底之前，完成一次 OKR 的复盘。

我们还可以考虑通过策略来制定 KR，通过完成目标来制定关键因素；也可以考虑通过任务方法来制定 KR，通过时间来制定关键因素。一般来说，我们建议通过策略来制定 KR 效果会更好，因为它可以让 KR 完成的过程更有逻辑，执行者可以更有针对性地完成目标。

针对同一个目标，通过策略或任务方法来制定 KR 的思路都是可行的。只要契合客户的真实需求，能有效支撑目标的实现，就都是可取的。

下面我们来看一个针对同一目标使用两种思路制定 OKR 的例子：

（1）任务方法思路

O：通过对客户真实需求的了解，让概念设计更加契合市场需求。

KR1：7月底之前，完成用户类型分析、用户画像分析、用户调研对象分析，并形成清单；

KR2：7月底之前，市场部、销售部通过收集信息来进行竞品分析，完成用户调研方案；

KR3：8月底之前，将用户调研方案落地，形成调研问卷，并完成数据收集；

KR4：9月底之前，通过调研数据分析和前期的信息收集来完成用户需求报告。

（2）策略思路

O：通过对客户真实需求的了解，让概念设计更加契合市场需求。

KR1：销售团队对10%的核心客户进行一对一访谈，了解其需求并形成用户报告；

KR2：产品设计团队和市场部联合组织5场以上的访谈会，形成专家意见报告；

KR3：产品设计团队对20位老用户进行测试，了解其偏好和设计需求，形成报告。

总之，在遇到问题的时候，我们一定不能慌，要运用自己的经验、思维模式去寻找最佳的解决办法。此外，我们还要围绕目标进行内驱动力筛查，找到达成目标的最适合路径。

➯ "世界咖啡"让 KR 浮出水面

上一节我们谈了 KR 制定的思路,这一节我们来谈一谈完美的 KR 是怎么被制定出来的。之前我们也说过,OKR 强调的是全员参与,目标 O 和关键成果 KR 都由全员一起来制定,这样做能够集中大家的智慧来找到 KR 的最佳路径,同时也能得到全员的认可。

"世界咖啡"是一种非常常见的 KR 制定方法,它将"集体交流"和"通过对话找到最佳方案"结合了起来。通常,它会在一个安全、开放的会议室举行,参与者是有着不同背景、不同观念的人,他们通过轻松自由的对话,让不同的观点进行碰撞,进而让深层次的思想撞出火花,最后形成集体的智慧。

"世界咖啡"最早是在 1995 年由国际组织学习学会(SoL)的高级顾问朱安妮塔·布朗(Juanita Brown)与戴维·伊萨克(David Isaacs)合著的一本叫《世界咖啡》的书中被提出来的。后来被该学会创始人彼得·圣吉称为"我们所有人类进行集体创造的最可靠方式",如今它被很多执行 OKR 的企业所采用。

下面我们就来一起学习一下"世界咖啡"的实施步骤,"世界咖啡"实施起来共有六个步骤,如图 4-3 所示。

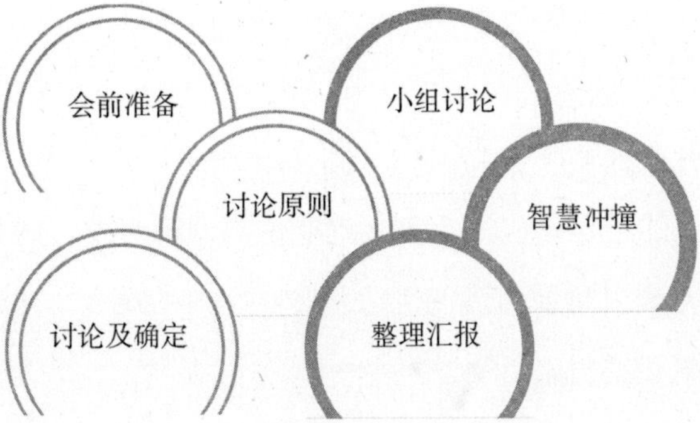

图 4-3 "世界咖啡"的实施步骤

一、会前准备

会议必须在非常友好、轻松的方式下进行,所以在会议前我们必须要营造一个良好的会议室环境,比如为方便参会人员进行小组讨论而将桌椅围成圈,在桌上放置水果、零食和水,这样可以让每个参会人员都放松下来。

此外,我们要准备一些工具,比如白板、便利贴(至少有三种颜色)、水彩笔(至少一套)等。

我们还要在开会之前确保每个人都知道开会的内容是什么、要讨论什么,然后根据相关的责任进行分组,每组负责一个目标,并且每组至少有两个人。

二、讨论原则

在开会的过程中，每个人无论职位高低都有发言的权利，每个人必须尊重其他发言者的想法，聆听别人的观点，同时深入思考，探寻共识并付诸行动。

三、小组讨论

小组讨论时，我们首先要明确讨论的重点，也就是我们要完成哪个关键目标 O，然后每个人围绕这个主题来展开讨论，一定不能"跑偏"了。在讨论的过程中，每个人可以按顺序来探讨目标的意义、公司为完成目标可提供的资源、目前公司的整体情况、公司的优劣势等等。行动和目标是 KR 的来源，在讨论中一旦有所涉及，我们一定要及时记录下来，以 KR 的撰写标准进行提炼。

四、智慧冲撞

除组长之外，每个组员可以参加其他小组的讨论，以新成员的身份针对不明确的地方进行提问，并提出自己的疑虑，从这些疑虑中我们也可以找到 KR 的支撑点。

五、整理汇报

小组成员针对四大模块,即意义、现状、原因、行动和目标等相关内容进行分类整理,对解决方案中最紧急、最重要的部分进行排序,并提炼成相关目标的关键成果 KR。

六、讨论及确定

整理完成后全员一定要对其进行复核,讨论这些关键成果达成的可能性,以及是否具有挑战性。此外,我们一定要注意保留会议讨论的相关资料,以备复盘的时候使用。

> "世界咖啡"的五字箴言是听、说、思、画和行,目前这种讨论方法在国内被美的集团、中国工商银行、中国建设银行等多个知名企业采用,此外政府、教育机构、社会团体也在广泛使用这一方法,并取得了非常不错的效果和反馈。
>
> 在我们执行 OKR 的过程中,"世界咖啡"在辅助我们找到实现目标的更好路径方面具有积极的作用。如果条件允许,大家不妨尝试一下。

第 5 章

To Do，制定每个 KR 的行动计划

任何事情，止于了解都无法成功，"去做"才是成功的第一步，对于 OKR 工作法来说也是如此。制定每个 KR 的行动计划是 OKR 工作法中非常关键的一步。

有效的 KR 必须具备的特征

因为目标 O 是一个清晰的意图，不需要定义具体和详尽的指标，所以想要实现目标就需要借助 KR，也就是关键成果的帮忙。在制定目标之后，我们要为目标量身打造几个有效且能精确执行的关键成果。

一般来说，有效的关键成果 KR 必须具备以下五个特征，如图 5-1 所示。

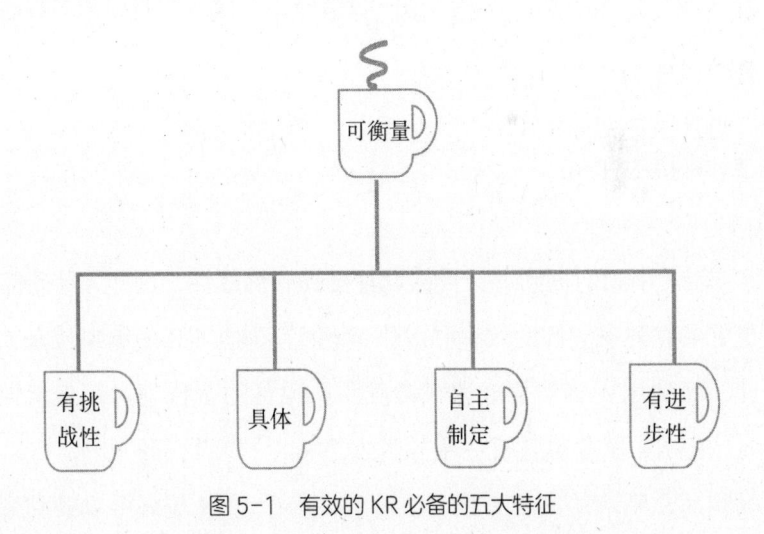

图 5-1 有效的 KR 必备的五大特征

一、可衡量

目标是定性的，代表公司期望的方向，KR 则应该是定量的，可以用具体的数字去衡量其是否已经达成了设定的目标。也就是说，KR 可以通过客观数据提高 OKR 实施的清晰度，让实施过程中可能出现的混淆不清的地方消弭于无形，从而确保目标任务顺利达成。

那么，什么样的 KR 是可衡量的 KR 呢？比如"建立大数据分析平台"与"根据数据制作用户分层工具，精准推送转化率提升 2 倍"相比而言，后者有具体的指标，方便我们验证是否已经达成目标，这便是可以衡量的 KR。

二、有挑战性

前文中我们提到过，目标设置要具有挑战性，这样才能带来更好的绩效、更高的效率和工作满意度。其实 KR 的制定也是如此，需要用一定的挑战性来激发团队成员的工作动力。与此同时，把 KR 设置得具有一定挑战性还可以提高目标的完成速度，找到与众不同的实现方法。不过为了确保 OKR 最终可以顺利完成，KR 的挑战性要以能实现为前提，我们可以通过有效评分来找到 KR 可实施性与挑战性的平衡点。

三、具体

既然目标已经是一个宏观的意图,那么 KR 就一定要是具体的指标,否则 OKR 容易浮于表面,难以实现。

我们举个简单的例子。三个人去山林里,找一个老师傅带着他们去捉山鸡。在捉之前,老师傅问他们看到了什么?其中一个人说:"我看到了捉山鸡的工具、刚刚跑过去的山鸡,还有树林。"老师傅摇了摇头。另一个人以为第一个人没有说全,便答道:"我不仅看到了他说的一切,还看到了我们四个人和其他小动物。"老师傅又摇了摇头。这时第三个人回答道:"我只看到了山鸡。"老师傅笑着点了点头。

通过这个例子我们可以看出,有明确的目标,就应该有具体的 KR,每一个 KR 制定时一定要围绕目标精准制定,这样才能去除繁杂,看透目标与关键成果之间的关系,一往无前。除此之外,描述 KR 的语言也要具体,并且尽量通俗易懂,凡是容易出现歧义的概念、术语都要解释清楚,确保公司上下理解一致,可以无障碍沟通。如果需要说明的事项有很多,建议公司通过备注的形式进行标注。

四、自主制定

制定 KR 时,一定要自主制定,即在 KR 的创建阶段,负责具体交付 KR 的人必须积极参加这一过程,了解 KR 制定的所有细节和可实施性,而不是公司制定好之后强制下发给员工。如果员工有能力,整个 OKR 都应该由责任人自主创建,这样才能满足自上而下、自下而上的融合,利于 OKR 实施。

五、有进步性

几乎所有的公司管理者都知道物质奖励对于员工的重要性,可研究表明,在所有能够调动员工情绪的因素之中,进步性是非常重要的,有时候其效果甚至会超越物质奖励。KR 也是如此,当制定的 KR 可以支持自己、让自己看到频繁的进步时,就能给员工带来巨大的满足感与成就感,进而激发他们的创造力,让 KR 实施更顺利。

⇨ 制定出有效 KR 的技巧

如果说目标的制定更多是依靠团队的经验和智慧,那么 KR

的制定就要科学、有据可依得多。在制定 KR 时，只要我们遵循以下技巧，制定出的 KR 往往是有效的、可以顺利实施的。

一、KR 要能进行期中评估

有效的 KR 必然是可以随时检查进度的，所以我们制定的 KR 最好能进行期中的评估，否则就会失去通过制定 KR 来聚焦企业目标的意义。比如网络销售讲究转化率，这个转化率不一定每年一算，每天、每周、每月都能计算，这就属于可以进行期中评估的 KR。

当然，因为目标不同，在制定 KR 时必然有些 KR 比较难进行期中评估，此时可以从其周边寻找具备同等评估价值的衡量指标。还是以网络销售为例，提高转化率最重要的一点是提升客户满意度，但是以满意度作为 KR 很难衡量，将其替换为降低客户流失率则会使提升客户转化率变得容易衡量得多。

二、抓住少数的关键成果

在制定 KR 的过程中，有些人可能会有这样的想法：是不是制定的 KR 越多，完成目标的速度越快？其实 OKR 真正运作起来恰恰相反，制定过多的 KR 容易让工作变得烦琐，拖慢工作效率。一般来说，如果目标足够明确，支持目标的 KR 不需要太多，我们只要抓住少数且关键的 KR 即可。

那么，怎么判断这个 KR 是少数且关键的呢？下面我们来看图 5-2，学习一下相关的技巧。

图 5-2　判断少数且关键 KR 的技巧

- 两个 KR 之间有明显的正相关关系
- 某个 KR 比其他的 KR 重要度、权重高出很多
- 前者精简 KR，后者取权重高的 KR

这样一来，就能保证 KR 是少数且关键的。不过这种技巧不是任何时候都适用，比如有些目标依靠 KR 的相互制约或者相互促进可以更快达成。以"增加食品可靠度"为例，如果这是我们的目标，那么达成它的 KR 除了提升客户的满意度外，还有通过 ISO 认证。ISO 认证是一个更加可靠的证明，可以持续维护客户的满意度，并起到增强作用。

三、关键成果要着重描述"成果"

在制定 KR 时，很多人容易将它与任务混淆，把任务当作 KR 来制定，这样容易让 KR 的成果能否顺利达成变得扑朔迷离。因为有时任务可以直接达成 KR，有时则不能。因此，关键成果要着重描述"成果"，"成果"制定之后再确定任务清单。

四、KR 要有明确的责任人

一般来说，KR 负责人不是公司指派的，而是员工主动承担的。主动承担的员工对 KR 更了解，是明确的责任人，他们可以对目标范围内的 KR 进行有效任务的设计、监督，从而更好地完成目标。如果 KR 的责任人不明确或者由公司指派责任人，这样会使 KR 的明确度和执行度大大降低。另外需要说明的是，KR 责任人不是用来对结果承担奖惩责任的人，而是负责推动和检查 KR 的人。

五、描述 KR 的语言要积极正向

KR 可以帮助公司达成目标，因此我们描述 KR 的语言也是有讲究的，越是积极正向的语言越具有激励性，对调动员工工作积极性来达成目标越有利，所以我们在描述 KR 时语言一定要积极正向。

比如与其把 KR 设定为"把错误率降低至 10%"这样偏严肃、消极的表述，不如换个说法——"把正确率提升到 90%"，这样一来，员工会接收到其中的积极含义，提升自身完成 KR 和目标的速度。

如何完整地设置关键成果 KR

通过上面两节内容，我们已经了解到设置关键成果 KR 的部分方法和技巧，本节将更详细地介绍如何完整地设置关键成果 KR，让大家根据本节所讲的方法就能很好地设置出适合自己公司的 KR。

一、套用公式设置 KR

KR 要围绕目标 O 展开，一般来说，我们在设置 KR 时可以套用一个常规公式：时间节点 + 衡量维度 + 量词。其中，时间节点是达成 KR 的具体时间点，其要在 OKR 设定的周期内尽量提前完成；衡量维度描述的是达成目标 O 的表现结果；量词就是要达成的收益、完成的任务量等。

比如"截止到 ×× 月 ×× 日前产品体验人数达到 5 万人"就是一个时间节点、衡量维度、量词都非常清楚的 KR。

我们现在以某网络销售公司为例，制作出如表 5-1 所示的 OKR 设置表，结合目标 O 更准确地向大家阐述 KR 的设置方法。

表 5-1　某网络销售公司的 OKR 设置表

目标与关键成果		负责人	进度（%）	得分
公司	O　年利润翻倍			
	KR1　线上成交比例增加到 60%			
	KR2　平均客单价增加到 5 万			
	KR3　客户流失率减少到 10%			
团队	O　有效销售线索增加 200%			
	KR1　店铺收藏率增加 10%			
	KR2　店铺访问量增加 150%			
	KR3　目标客户成交量增加 80% 以上			

由此表可见，KR 要根据公司、团队目标的不同而有所改变，一般 3-4 个 KR 服从 1 个目标，与目标直接挂钩，并且在实行过程中要适当调整，以帮助公司完成整个 OKR，顺利达成目标。

举个更简单的例子来说明一下，优步曾经以"本季度内招募更多司机"为目标，根据这个目标，优步设置了两个 KR：其一是"所有地区的司机基数提升 20%"；其二是"所有活跃地区司机的平均工作时长提升至每周 90 小时"。

我们从这个例子可以看出，优步的 OKR 目标只有 10 个字，符合简洁的特性；目标中没有出现数字，是定性的；目标在本季度内需要完成，具有时限要求；目标中"招募更多司机"的表述积极正向，可以鼓舞人心。那么与其挂钩的两个 KR，基本符合

"时间节点＋衡量维度＋量词"的公式,这体现了优步从两个维度简洁、明确地制定出了可以实行的KR。

除此之外,KR还要做好分解,既要有年度KR,也要有季度KR,还可以有月度KR。其中年度KR要统领全年,在实施过程中可以根据具体情况适当调整;季度KR是年度KR的细化,需要更精准,在确定之后尽量不要改变;月度KR则是每个月的小KR,这样的KR也不要调整,否则说明KR制定时欠考虑,如果真的实施不下去需要调整时,员工必须跟公司主管、领导等说明情况,以保证再次调整的KR是正确的,不会影响目标达成。

二、制定KR的具体行动

制定KR的具体行动一般分为三步:

1. 分阶段

即明确执行KR时的先后顺序是什么。

2. 分时间

即明确先做什么,后做什么。

3. 明确具体事项和行为

即明确不同时间、阶段具体要达成什么成果。

以"增加产品的日活跃量"为例,我们制定了KR的具体行动表,如表5-2所示。

表 5-2 KR 的具体行动表

增加产品的日活跃量		
类别	目的	方法
KR1	利用用户分层平台将推送效果提升 2 倍	x 月 x 日前完成产品调研与需求分析
		x 月 x 日前完成第一版小样
		x 月 x 日前完成评审，提交研发
		x 月 x 日前上线，提升 30% 用户量
KR2	新用户注册转化率提升 30%	x 月 x 日前完成流程梳理与方案改进
		x 月 x 日前完成需求文档
		x 月 x 日前完成产品评审
		x 月 x 日前上线，注册转化率提升 15%
KR3	增加 15 种自运营模板	x 月 x 日前完成 5 种自运营模板
		x 月 x 日前完成 10 种自运营模板
		x 月 x 日前完成 15 种自运营模板

> 通过以上两个步骤，再结合之前所讲的特征、技巧等，我们便能完整地设置出关键成果 KR 了，以方便管理者执行。

落实 KR，进入执行阶段

在我们设置了完整的关键成果 KR 之后，下一步要做的就是进入执行阶段落实 KR 了，不然我们就失去了设置 KR 的意义。

一般来说，落实 KR 时应当遵循以下几点：

一、不要摊派

所谓摊派就是将 KR 分成若干份,由不同的团队或个人负责。如果我们将一个 KR 的完成时间、任务量摊派给不同的团队或者个人,就会影响工作效率和 OKR 的完成度。

二、不要强行分配

之前我们已经讲过,OKR 的制定需要责任人的参与。同样的,KR 的落实也需要责任人的参与。如果将 KR 强行分配给没有参与 OKR 设置的人,KR 的执行效果必然大打折扣。也许很多公司的管理者认为制定好 OKR 之后,可以分配给没有参与制定的人去执行,因为这些人在熟悉了 OKR 之后依然可以很好地执行 KR,我不能说这样一定不可以,只能说这对员工的工作能力要求极高。

而且不建议强行分配还有一个原因,就是 KR 不是只有交付结果才有意义,在 OKR 设置中遇到问题、进行思考、得到经验的过程同样有意义,让没有参与制定 OKR 的人去执行 KR,他们是得不到这些经验的。

三、不要分不清轻重缓急

在 KR 的执行过程中，分不清轻重缓急、按照人头平摊任务是要不得的。因为很多 KR 及其延伸出来的任务在时间顺序、难易程度、重要程度等方面都有区别，所以我们需要结合具体情况，整理出 KR 的时间顺序，优先完成第一时间顺位的 KR，然后再启动另一个 KR，让目标早日达成。与此同时，我们要分清 KR 的难易程度，根据具体的需要，既可以先从困难的 KR 着手，也可以先从容易的 KR 着手。重要程度就比较容易理解了，建议先完成比较重要的 KR，再依次完成其他 KR。

四、不要只是闷着头做

很多人在制定了 KR 之后便闷着头往前走，等到 KR 实施不下去或者出了问题的时候还一头雾水，不明白其中原因。为避免这一情况，我们在 KR 执行过程中一定要定期回顾。

比如我们可以以每个季度为一个阶段，到了季度末对自己的 KR 完成情况和完成质量进行打分。分数不用定太高，定在 0–1 分即可。理想的得分也不用太高，以 0.6–0.7 分为佳。如果低于 0.4 分，说明制定的目标或者 KR 存在问题，抑或是自己没有尽全力；如果达到 1 分，说明目标定低了。

站在公司层面来说，管理者可以利用绩效评估对每个员工的OKR进行打分，不用每季度都进行，半年打一次分即可，公司可以根据员工的OKR得分来确定员工的薪酬和业务职级。

对于优秀的OKR案例，公司可以立为典型，组织全公司的员工学习，这样既表明了公司的公平、透明，又为每位员工提供了学习和成长机会，进一步提高了员工的工作积极性，促进了公司发展。

参与KR的成员要各司其职

在OKR的执行过程中，目标O由公司管理者根据公司具体情况制定，关键成果KR则由负责人和任务执行人共同完成。只有负责人和任务执行人各司其职，才能更好地落实KR，完成目标O。

一、KR负责人

在执行KR时，需要有一位负责人掌控全局，这位负责人是唯一的，就像项目经理一样。他可以将很多项目管理的方法运用到OKR的实施中，如图5-3所示。

由上至下进行任务布置

学会在关键时刻进行会商　　随时对任务进行权衡

图 5-3　KR 负责人可以运用的项目管理方法

1. 由上至下进行任务布置

KR 负责人要像项目经理一样，对任务进行全盘掌控，在理清任务的先后关系之后由上至下布置任务，不要把 KR 当作自己一个人的事情。

2. 随时对任务进行权衡

项目经理在管理项目时需要权衡整个项目，对于不合理的地方要及时进行变更，KR 负责人也要如此。比如在落实 KR 的过程中，如果因为某些原因需要新增、取消、变更任务的成员或者内容，KR 负责人就要学会权衡，预测其对整体 OKR 结果造成的影响，从而增补、削减或变更任务，对其做出更适合的对应性安排。如若 KR 负责人不懂得对 OKR 进行整体的权衡，就会降低 KR 达成的可能性。

3. 学会在关键时刻进行会商

会商是共同商量的意思，当 KR 执行过程中出现瓶颈、脱节、滞后时，以及遇到环境、条件突然改变对 KR 造成负面影响时，

KR负责人要及时召集相关人员进行会商。

会商虽然会占用很多人的时间,但是对于KR的顺利执行效果显著。因为在会商时需要对KR出现的问题进行全面了解,分析原因,阐明影响,并结合具体情况对当前任务进行修订,确立定期检查机制,从而达到事半功倍的效果。因此作为KR负责人,一定要像项目经理一样,拥有良好的沟通能力和习惯。

二、任务执行人

在KR的执行过程中,负责人是唯一的,但是参与人员,即任务执行人可以有几个或者更多,具体人数可以根据OKR的复杂程度来调整。如果是公司层面的OKR,KR在执行过程中会涉及不同的部门,需要开展跨部门合作,此时用到的任务执行人就比较多。如果只是一个部门的OKR,一般动用的人员会比较少。

不过这种情况是不固定的,为了提高效率,拓展思路,得到更多的资源辅助,加强内部沟通的透明度,我们在执行KR时完全可以征求更多人的协助,这个可以根据OKR的具体需求进行调整。需要注意的是征求更多人的协助不代表没有限度,我们要以尽可能少的人数,尽可能快地完成KR,这才是上策。

在确定了任务执行人之后,每一个执行人都要明确自己所要负责的任务,做到权责分明,并随时与相关人员保持沟通,尽可能高效地完成任务。

KR 在执行过程中要适当调整

"理想是丰满的,现实却是骨感的"这句话用在 KR 的执行过程中,可以说是非常贴切的。我们在设置 KR 时往往想得很好,可是在具体实施 KR 时就会发现很多问题。无论是外部环境的变化还是 KR 本身的合理与否,都会影响整个 OKR 的执行程度,所以我们在执行过程中要对 KR 进行适当的调整。

也许很多人会问:为什么是调整 KR,而不是调整 O 呢?其实这很简单,目标 O 是总的指导方针,经常调整很容易造成不确定性。就好像高考一样,如果你制定的目标是大学本科,可是因为种种原因无法达成,你依然可以固定大学本科这个目标,通过参加专升本、自学考试等途径实现大学本科这个目标,而不是轻易放弃,把大学本科改为专科。只有当目标通过任何方法都无法实现时,才考虑目标的制定是否合理,是否应将其替换掉。

那么,KR 要怎么进行调整呢?我们可以参照图 5-4。

时刻保持 KR 的一致性,但调整幅度不宜过大或过小

制定任务列表,为调整提供依据

图 5-4 调整 KR 时应该注意的两个方面

一、时刻保持 KR 的一致性，但调整幅度不宜过大或过小

如果把 OKR 比喻成一个装水的木桶，目标 O 是水，那么关键成果 KR 就是制成木桶的木条。为了达成最高的目标，木条长度要一致，任何一个木条短了都会影响盛水量。也就是说，KR 要具有相同的难度系数。

如果其中一个 KR 难度系数过大或过小，导致 KR 整体上实施不下去或者太快完成，但是距离目标仍然有很大的差距，此时我们就要立即想办法替换一个新的 KR，而且要保持新替换的 KR 与其他 KR 难度系数一致，这样才能使木条保持一样的高度，储存更多的水。

之所以强调 KR 的一致性，是因为在实际执行过程中，一个 KR 出现问题会影响其他 KR 的执行程度，进而影响目标的达成度。所以在评价公司的 OKR 时，KR 的调整幅度是非常重要的评判标准。

如果 OKR 执行过程中完全没有更换 KR，或者只更换了几个 KR，说明 KR 制定得没有挑战性，或者员工没有努力地去达成 KR。因为当制定的目标具有挑战性时，实现目标的 KR 必然也是需要想方设法才能达成的，这是一个不断试错的过程，如果对 KR 不进行适当调整，很难有好的结果。

同样的，如果在 OKR 执行过程中 KR 的调整过于频繁，比如

某一个KR在一个季度内更换了十几次,说明公司在设置这个KR时没有经过深入思考,设置得比较草率,或者是没有努力完成这个KR就将其草率地替换掉了。

由此可见,KR设置之初需要深思熟虑,在执行过程中更需要管理者根据公司具体情况进行适当调整,不能一概而论。

二、制定任务列表,为调整提供依据

为了KR更好地实施,建议大家根据自己的OKR制定一份任务列表,详细列出所要执行的每一个KR及其最佳完成时间,每完成一项就划掉一项,之后再对每一个KR的完成情况进行对比、评估,全面了解每个KR的执行情况,并以此为依据来查看未完成的KR是否需要进行调整。也就是说,这一步是对前面已完成KR的总结,也是对还未完成KR的指导,利于KR更好地调整与执行。

PART 3

OKR 实战阶段

第 6 章

OKR 与常态化管理

OKR 不是一个绩效考核系统,它更像是一个自律系统,OKR 的制定远远没有执行重要。

OKR 执行比制定更重要

很久很久以前,有一个叫格斯(Gus)的人负债累累,又无力偿还债务。他只得每天去教堂祈祷,希望主能看到他的虔诚,让他中个奖来偿还债务。

一天,他来到教堂,跪在主的面前,祈祷上帝能保佑自己中奖。"神啊,求你让我中奖吧,就一次,让我偿还了债务就行。"一个星期过去了,他什么奖也没中。然后他再次来到主的面前,祈求主说:"只要你让我中奖,我一定踏踏实实工作,开始新的生活。"

一个星期之后,他还是没有中奖。他备感失落,回到了主的身边哭诉:"我都这么虔诚地祈祷了,也承诺洗心革面了,为什么你不让我中奖呢?"就在这个时候,圣坛上的主终于回复他了:"格斯,我已经听到了你的祷告,也很想帮你,但是你一次彩票都没买过,我如何让你中奖?"

这是一个关于执行力的故事,格斯即使每天去教堂祷告,但就是不付诸行动,这样的话一切的祷告都是枉然的,主还是无法帮助他。制定 OKR 之后如果你不跟进结果,不查看每天的完成情况,你就好比格斯想中奖,却永远不去买彩票一样。

一、OKR 执行的重要性

如果你将目标摆在前面，但是在实际的工作中却并不去执行，然后还期待 OKR 能为公司带来各种的好处，这是难以实现的"美梦"。在当前的社会中，员工很容易就被各种琐事分心，各种非必要非紧急的事情也会层出不穷，极大地耽误了每天要去处理的紧急的事情，以及要去达成的最关键的目标。想要确保 OKR 战略成功、绩效表现提升到新的水平，你就需要定期去检查 OKR 的进展情况，这是你运营管理的重要方面。

OKR 在制定的过程中考验的是团队的沟通和决策力，到了实施阶段考验的就是团队的执行力了。在团队刚刚实行 OKR 的时候，你的团队一定很焦虑，因为 OKR 的目标比较高，这么高的目标如果实现不了怎么办，一旦运行了一个周期之后还是完成不了，团队就会非常沮丧，团队的驱动力将所剩无几。

其实，即使一个 OKR 目标执行得非常糟糕，也比一个目标很低但顺利执行的 OKR 给企业带来的价值要大得多。

此外，OKR 不是一个绩效考核系统，它更像是一个自律系统。所有的 OKR 目标均由个人上报，目标也是建立在团队的信任上，只有你自己日常约束自己的行为，不断向完成目标努力，才能建立一个有效的循环。执行、复盘、循环是所有 OKR 参与者的一种约定，也是一种习惯。

二、OKR 大天使推动执行

前面我们提到过 OKR 是需要有人承担推动责任的,这个人我们可以认为是 OKR 的大天使,他不一定是团队的主管,但是他需要帮助团队持续关注 OKR 的目标,让大家始终关注公司当前最重要的事情,同时也能协助 CEO 进行日常管理。这个人可以不是专职的,但是他必须对公司的内部运作非常了解。

OKR 大天使的职责包括:

1. 在理解的基础上,不断宣讲 OKR 的内容;

2. 推动 OKR 的评估和回报工作;

3. 收集在 OKR 运行过程中团队成员所面临的各种问题,并提醒相关的同事时刻注意;

4. 在 OKR 执行的过程中,打破部门的边界,更有效地进行部门和层级的合作。

如果这位 OKR 大天使不在管理层,请吸纳他参加 OKR 团队的各种会议,帮助他更多了解团队目前的情况。

OKR 周例会和季度评估

在当今社会,如果你不想被竞争对手超越,不想被颠覆,你就需要时刻保持学习的姿态，不断吸收当前最新的技术、管理模式和商业模式。如果你选择一个季度评估一次，显然你已经慢了很多步，到时候木已成舟，你做什么都来不及了。

所以，在OKR的整个运行周期里，你需要将成果转换为数字，实时地更新和分享，让所有人都知道你的进度，方便大家一起努力。每季度评估一次是远远不够的，你需要的是周例会、季度中期审查和季度评估。

一、周例会

很多人看到"开会"这个名词都会很反感，因为每次开会都是老板先讲几个小时，然后自己还要加班去完成因为开会耽误的工作，最重要的是会开完了却什么结果也没有。但是OKR的周例会真的非常必要。

有两点必须首先说明：一是周例会只是一种建议，并不是强制的，每个团队可能对开会的看法是不同的，有些团队可能认为需要开会，有些团队可能认为开会反而是浪费时间，这个必须要具体问题具体分析；二是虽然周例会看起来确实浪费了个人的工作时间，增加了个人的工作负担和组织的复杂度，但是它对推动目标的达成有很大的作用。从某种程度上来说，周例会还简化了组织的复杂度。如果会议开得没有效果，那有可能是你所在团队组织能力和执行力的问题，并不能一概而论地说所有的会议都没有效果。

OKR周例会的目的有以下三个,如图6-1所示。

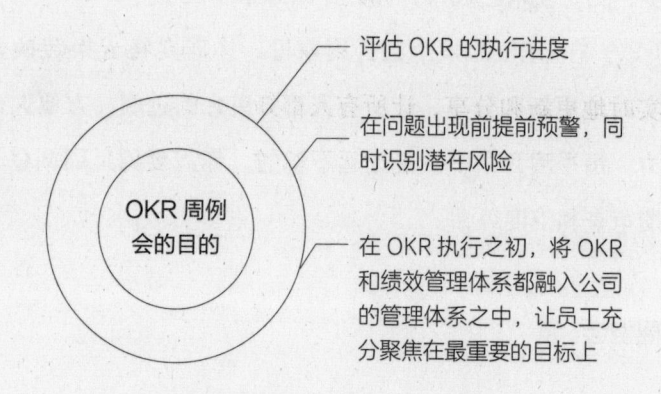

OKR周例会的目的
- 评估OKR的执行进度
- 在问题出现前提前预警,同时识别潜在风险
- 在OKR执行之初,将OKR和绩效管理体系都融入公司的管理体系之中,让员工充分聚焦在最重要的目标上

图6-1 OKR周例会的三个目的

千万不要把周例会当作是结果检查,而应将其作为一个分享信息以达成更有价值目标的讨论会。

下面是关于周例会的一些建议,希望大家可以参考:

1. 周例会的开会时间不要超过1个小时。

2. 开会之前一定要进行充分的准备。有些OKR的小组成员级别比较高,平时也非常忙,时间非常难以敲定。所以,他们是否有必要参与会议一定要提前计划好,如果确有必要,还需及时和对方约定时间,以便他们能准时到会。现在越来越多的企业会举行远程会议、视频会议、电话会议,虽然效果也越来越好,但是面对面的交流依然是最佳的沟通方式。特别是现场的一些沟通和对话,能让大家的思想有更进一步的交流和升华，因此组织大家进行现场会议，始终是最好的方式。

3. 要确定工作的优先级。在 OKR 执行的过程中，我们常常会被突然插进来的工作打断。所以在周例会之前，我们一定要再次确认工作的优先级，明确哪些是对实现目标更有价值的工作，哪些是应该放在前面优先处理的工作，这样才能帮助大家更好地完成 OKR。

4. 要对 OKR 的执行情况进行确认。每一项 OKR 在制定的时候，我们都会将其成功的概率自动设置为 50%，周例会时我们还需要再评估一下大家对完成目标的信心指数。信心指数是上升还是下降并不重要，重要的是搞清为什么会出现这种情况。

如果项目正在正常运行，暂时没有出现问题，我们需要及时查看有没有其他的因素可能会导致项目停止，提前规避风险或进行风险预警。如果项目的运行进度出现问题，此时就需要讨论下一步应该怎么做，是加大投入还是邀请外面的人加入团队一起工作，我们需要在会上做出决定，从而让 OKR 的执行步入正轨。

此时的评估一定是一个非正式的评估，大家主观判断就可以了，不需要花大量的时间去进行数据统计和分析。更重要的是，我们要让所有的员工放心地将困难分享出来，将影响信心的关键点也分享出来。如果上司在这一过程中批评员工，会导致以后谁也不愿将困难分享出来，那么可能所有的问题都会集中在季度末的总结大会上爆发出来，真到了那个时候就完全无法补救了，会给公司带来巨大的损失。所以，在周例会上说出自己的困难应该是被鼓励的，而不是被批评的。

5. 减少员工的负面情绪。OKR无论在哪个阶段都需要员工进行创造性的思考，集中大家的智慧，将公司的目标完成。OKR运行一周之后，每个员工对KR指标一定有自己的想法，一旦这种想法是负面的，就会很快蔓延，最坏的结果是所有的员工对OKR的完成都持消极的态度。周例会需要及时了解大家的负面情绪，并对这些情绪进行疏导和转化。

6. 持续关注健康度量项。我们虽然精心设计了OKR，但最终还是要看健康度量项能否完成。所以，周例会的时候我们一定要持续、频繁地关注健康度量项，讨论这些健康度量项的执行情况，以及它们在下周、下个月或者未来对OKR的影响。

如果周例会顺利的话，在会议结束的时候，每个人都应该知道下一步要做什么，下周大家关注的点在哪里，需要团队去外部寻求哪些资源等，以确保项目能够及时地推动下去。

二、季度中期审查

人们虽然长期预测一些事情，但是总会出现偏差。比如，白天出门的时候天空非常晴朗，你预测今天是个好天气，谁知中午就来了一片乌云，很快就大雨倾盆。作为高级管理人员，他们的预测水平是不是高于普通人呢？

《经济学人》杂志在1984年做了一个试验,其邀请了4位财政部部长、4位跨国公司的CEO、4位牛津大学经济学院的学生和4位保洁人员,让他们同时对未来的经济大环境进行预测。结果有点出乎预料,跨国公司CEO、牛津大学学生和保洁人员的预测结果基本相同,财政部部长的预测却最为糟糕,而且这些预测都出现了偏差,平均预测值对比实际情况有60%的偏差。

你也许要说,这是几十年前的试验了,说服力不强。但是最近的一个试验的结果也是如此,研究人员安排了数百名首席财务管理人员对未来九年的标准普尔指数的年收益进行预测,偏差在20%以内的人员只有1/3。

我们对OKR的预测也会出现这种情况。比如周例会上评估的目标完成信心指数,因为是主观上的判断,很容易出现偏差,也许我们的预测表现和财政部部长们的表现一样糟糕。

为了避免这种情况发生,我们需要季度中期审查来帮助我们判断项目的进展情况。和周例会一样,我们不需要烦琐的数据来说明项目进展和目标完成的情况,但是我们需要正确的方向性信息。这就要求我们的团队在目前的进展情况下,深挖可能影响进度的方面,同时又不需要花太多的时间去收集证据证明自己的观点。

除此之外,我们还需要深度了解周例会上所讨论的每一个议题,并对这些议题做一个进展确认。我们需要通过新收集上来的各种信息去重新评估项目的期望值,同时调整未来六周的工作以保证项目能够取得好的结果。如果我们的项目因为外部瞬息万变的环境而失去了意义，此时一定要马上取消这一项目，防止浪费资源。

同时，有一些项目可能因为各种原因优先级被提前了，此时我们就需要及时调整资源，加大投入，让这些工作取得成效，以达到预期目标。此外，我们还可能因为客户的需求变化、供应商的供货能力变化以及战略重点的调整中途更新自己的OKR。

有一点必须强调，即使我们进行了周例会和季度中期审查，要完成OKR也是非常困难的。但是经过这些流程，我们的预测相对于以前要可靠得多。有了一定的数据支撑，我们的判断可能更加明智，在未来的时间里也可以更有准备地调动资源。相信通过合理的调配，我们完成OKR的概率会高出很多。

三、季度评估

一般OKR的实施周期是三个月，当然有更短的周期，具体看当时制定的情况。三个月过后，我们需要根据当初制定的OKR，对目标的完成情况来一次客观正式的评估。

季度评估要解决两个关键性的问题：到底OKR执行到了何种程度；我们是靠什么方法将OKR执行到这种程度的。要评估OKR执行到了何种程度，就需要我们根据实际的情况对OKR进行打分。每个季度我们都需要给公司、部门和个人一个OKR的分数，并且要给出打分的依据。

这些得分和依据都需要对外公开，这个公开不但包括部门公开、上级公开，甚至还包括对参与这个项目的外部人员公开。这种分享结果的做法，可以帮助团队更快地总结经验教训，同时吸取优秀的实践经验。由于结果公开，其他团队也可以知道你们的情况，从而帮助他们调整下一步的目标和动作。这样做从组织的角度来说是非常有必要和有价值的。

其实，只要我们的目标定得清楚明了，周例会和季度中期审查做得也足够到位，相信这个结果评估是花不了多长时间的。

季度评估也需要通过会议的形式来进行。会议时间要特别注意，马拉松式的会议会使大家非常疲惫，而且效果也非常不好，所以建议会议时间控制在3个小时内为宜。

季度的评估会议可以设置结果陈述、问答和讨论等环节。如果开会的团队人员很多，比如有10个人，我们一定要控制每个人的发言时间，一般控制在6分钟内。如果一个人用了10分钟仍然没有讲完，最多再延时2分钟，一旦到了时间就要强制打断，这样才能将时间控制在2个小时内。在陈述的时候，我们一定要先说好的方面，比如这次OKR在哪些地方做得很好，取得了哪些成绩等，从好的氛围开始才能更好地调动会议的气氛。

季度评估的另一个重点就是要找到OKR能执行到这个程度的原因，弄清楚影响OKR效果的几个关键因素，以及组织需要在哪些地方进行优化。虽然OKR的分数很重要，但更重要的是过程的交流，比如探讨在这个周期里大家都做了什么，在做的过程中遇到了哪些问题等。

很多组织在开会时会比较压抑，有一种老板批斗下属的感觉。但是OKR的季度会议一定要有一个让大家各抒己见的氛围。虽然有的公司在表面上提倡大家说实话，但是在会议之后老板便开始"秋后算账"，如果是这样的做法，大家以后开会也就不愿意再说实话了。

有一点一定要注意，激烈的争吵不是大家都在积极思考问题的表现，相反，大家互相尊重，尽量避免言语上的冲突，不互相推卸责任才能推动组织不断地进步。最近有研究也支持了这个观点，认为参与者的安全感是推动团队成功的最大助力。在会议中，我们需要从OKR的数据中，找到让组织不断进步的密码，否则召开会议就是没有意义的。

> 无论是周例会、季度中期审查还是季度评估会议，开会并不是最重要的事情，最重要的事情是怎么让会议开得有价值。这些会议不是追究责任的会议，更不是互相推卸责任的会议，只有真正从开会中找到问题，才能帮助团队在下一个OKR的运行周期里取得更好的效果。

OKR 会议的后勤保障

会议怎么才能有一个好的效果,这个问题我们在开会之前就要认真思考了。对于大部分公司来说,公司每天都会出现一些新问题打扰到我们原本要完成的目标,同时也会分散我们对关键事务的注意力,这样下去原本计划的目标没有完成,大部分时间都花在了琐碎而不重要的工作上。

所以,我们在安排评估会议之前一定要让它有仪式感,让它成为一件神圣的事情,让每个参与的人都重视起来,让其他的事情为评估会议让位。

除了会议前的准备,我们还需要做什么后勤保障工作,才能让我们的 OKR 会议产出更多的价值呢?

一、激发团队深度思考

要提高团队解决问题的能力,我们要做的就是引导团队进行深度思考。本着这一思想,建议我们最少要问 5 个"为什么",这 5 个"为什么"一定不要流于表面,要有深度和广度,只有这样才能有效地找到解决问题的关键。

这个方法最早是由丰田佐吉(Toyoda Sakichi)提出来的,后来在丰田公司得到应用并取得一定的成效。埃里克·莱斯（Eric Ries）在《精益创业》中也提到了这个理论。他当时拥有一家叫 IMVU 的虚拟现实网站，通过这个网站人们可以和其他用户在虚拟空间里聊天和互动，它是当时最大的 3D 聊天和装扮社区。

但是在后来的一次升级中，网站的一些关键功能被禁止了，并很快就收到了大量的用户投诉。对于一个网站来说，用户的活跃度是非常关键的指标，所以网站需要尽快找出问题所在，并及时找出解决之法。

当时他们就提出了五个问题，如图 6-2 所示。

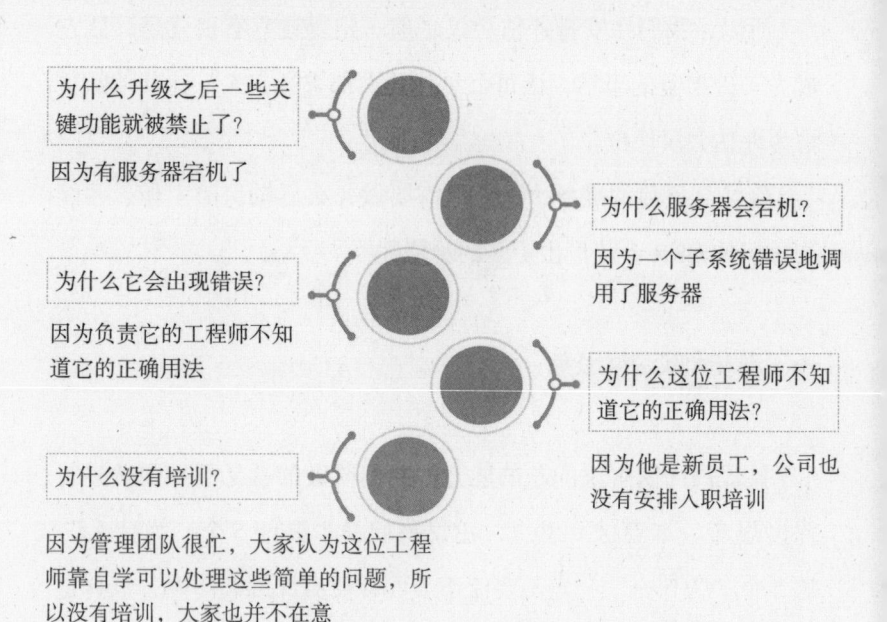

为什么升级之后一些关键功能就被禁止了？
因为有服务器宕机了

为什么服务器会宕机？
因为一个子系统错误地调用了服务器

为什么它会出现错误？
因为负责它的工程师不知道它的正确用法

为什么这位工程师不知道它的正确用法？
因为他是新员工，公司也没有安排入职培训

为什么没有培训？
因为管理团队很忙，大家认为这位工程师靠自学可以处理这些简单的问题，所以没有培训，大家也并不在意

图 6-2　IMVU 虚拟现实网站为解决问题提出的五大疑问

莱斯和他的团队认为，从表面上看这次的错误由一个服务器导致，但是深入了解之后我们会发现这是一个管理的失误。随后，IMVU 马上组织了一场培训，这个问题很快就解决了。有时候，我们在遇到问题时多问几个"为什么"就能找到解决之道。现在这个方法也出现了很多分支，有人认为提出 3 个问题就已经可以触及根本了。

二、在错误中获得新生

生物学家亚历山大·弗莱明有一次急着去度假，所以就匆忙将一堆脏的培养器皿堆在了实验室。回来的时候，他发现大部分培养器皿都被污染了，所以他将它们丢进了 Lysol 消毒液中。但是弗莱明发现有一个器皿里大部分的地方都被污染了，但是有一块霉菌所在的地方周围完全没有任何细菌。因为这次的失误，他找到了对抗细菌的法宝——青霉素。

现在很多企业都在鼓励员工冒险，那是因为"失败乃成功之母"，在失败中我们可以找到创新的方向，这也是我们区别于对手的关键所在。

三、领导要最后发言

相信人的一生中总会遇到各种各样的领导，每个领导的风格各不相同。但是一般的 CEO 都有一个共同点，那就是每次在开重要会议的时候，他们都是压轴来发表意见的。因为一旦领导抛出一个观点，其他的员工会有意识或无意识地去跟风，这样大家就不会去想更好的解决方案了。如果你是高管，请一定要先听员工的想法，这既是对员工的尊重，也是权衡信息最终形成结论的最好办法。

> 总之，当一个 OKR 完成总结分析之后，就意味着下一个 OKR 将启动制定和执行工作。一般来说，季度 OKR 是对年度 OKR 的分解，无论上一个 OKR 执行效果如何，很多时候下一个 OKR 都必须执行。有些关键的 OKR 需要连续几个季度的努力才有可能达成，当然我们也可以将上个季度没有完成的 OKR 放到这个季度来继续完成。已经完成的 OKR 要被新的 OKR 所替代，不符合实际情况的 OKR 要尽快淘汰，这样才能更好地激发团队的潜力，实现年度的目标。虽然上面提到的这些后勤保障看起来不是那么重要，但是细节决定成败，我们在执行 OKR 的时候一定要注意它们。

➥ OKR 会议必知技巧

当我们召开 OKR 会议时，除了做好必要的会前准备来确保会议有效实施外，我们还需要了解如图 6-3 所示的这些技巧，才能保障在会议上事半功倍。

①　　　　　　②　　　　　　③

期望值管理　　关注每个人的反馈　　从最简单的提问开始

图 6-3　OKR 会议必知技巧

一、期望值管理

一位叫马修·布雷迪（Mathew Brady）的美国著名内战摄影师，受命为尤利西斯·格兰特（Ulysses Grant）将军拍照。但是屋内光线实在太暗了，所以布雷迪安排助手去打开天窗，结果助手爬到屋顶时不小心把玻璃打破了。玻璃一片一片像尖刀一样，从屋顶掉落了下来，全都砸到了格兰特将军的附近。

当最后一片玻璃掉落到地板上之后，布雷迪赶紧去查看格兰特将军的情况。结果他发现，格兰特将军纹丝不动，并没有被伤到。格兰特将军看了看屋顶的玻璃，然后又看了看照相机，像一切都没有发生一样。

有时候我们就要有"谋事在人，成事在天"的心理承受力，也许你付出了努力，却没有达到效果，但有时候效果也许会超出预期。所以，我们要像格兰特将军一样处事不惊，因为结果无外乎两种，一种是比预期好，一种是比预期差。

在刚开始执行 OKR 的时候，你和你的团队一定要有拿低分的准备。当你急于想突破目前瓶颈的时候，一切可能并不像你想象中那么乐观。你也许会寄希望于周例会、季度中期审查来保证 OKR 的执行效果，但是到了季度会议的时候，你也许会发现结果依然不太理想。这个时候你一定不要有过大的心理负担，你要做的是从失败中吸取宝贵的经验。

当然也有人买一次彩票就中了五百万，如果你的 OKR 评分接近 1.0，千万不要沾沾自喜，因为这可能是你的 OKR 指标设定得太低了。显然过低的 OKR 指标对改变公司目前的困境或者提高公司的创新能力帮助不大。此时，你需要一个更合理的 OKR 指标来撑起你公司未来的发展。

资深 OKR 执行团队的分数一般集中在 0.6–0.7 这个区间，不过我们不能过于看重这些数字，而应该去深度思考这些数字背后的意义，比如公司内部的交流、团队能力的磨合等。我们要从这些数字中找到公司在哪些地方还可以再努力，哪些地方还需要再加强。

二、关注每个人的反馈

《机器人总动员》《海底总动员》《头脑特工队》都是皮克斯（Pixar）制作的动画电影。它的每一部动画都画面流畅、立意新颖、台词经典。皮克斯在动画方面的成就在好莱坞的主流工作室中首屈一指，它的成功可以归结为一流的编剧和导演、大神级的动画制作和天马行空的想象……

其实，这些都非常表面，皮克斯最值得称道的是它的全员审查体系。当一部动画电影制作完成后，皮克斯会首先安排它在公司内部的电影放映室播放，所有的员工都有权利观看，然后提出自己的意见。这个意见不限于你的岗位，也就是说即使你是一个剪辑人员，你也可以对编剧提出质疑。

通过各个岗位发来的修改意见，皮克斯的导演便会从中不断吸收有效的改进方案，然后将电影一直改到满意为止。这就是皮克斯公司电影成功的秘密，我们的企业在执行 OKR 的时候也可以效仿皮克斯的做法，让每一个成员都可以对评估结果提出自己的建议和质疑。毕竟在公平、公正的环境下，更容易激起大家的进取心。

如果你的公司只是由管理团队来负责评估结果，那么无论你怎样做都可能有徇私的嫌疑，此外，你还可能错失获得各种建议的机会。俗话说三个臭皮匠赛过诸葛亮，团队的智慧肯定比一个人的智慧要全面，团队所能想到的一定比一个人能想到的要多。通过 OKR 的执行，我们也需要不断培养员工的主人翁意识，让他们不管身处哪个部门和岗位，都要将公司的利益放在首位。

三、从最简单的提问开始

组织心理学家埃德加·沙因（Edgar H. Schein）曾去拜会一个公司的 CEO。这位 CEO 在谈话中谈及他正为不能扭转公司当前的管理僵化问题而沮丧。因为就在前一天，这位 CEO 通知公司的 15 名高管来参加一个例会。在以往，所有的高管在开会时都会习惯性地坐在自己常坐的座位上，但是那天只有 5 名高管在公司，开会时他们也和平时一样坐在自己常坐的位置上，结果导致偌大的会议室里面稀稀拉拉。

所以这位 CEO 才有公司管理僵化的担忧，然后沙因问他："你有问过高管们为什么会这样坐吗？"这位 CEO 的回答是没有。沙因接着问："既然你没有提问过下属，那么下属怎么知道现在的工作出现了问题呢？" CEO 深受启发。此后的一年，这家公司进行了企业文化转型，取得了很好的效果。

有时候，当你遇到复杂的难题，很难找到问题的症结所在时，你要做的不是急于去到处寻找问题的解决之法，而是先从提问开始，积极去探寻问题更深层次的原因。

在建立 OKR 的时候也是如此，如果你制定的 KR 最终没有能实现目标 O，这个时候你一定要反省，以提问的方式思考到底哪里出现了问题。你应该从最简单的提问开始，步步深入，你的问题问得越深入，你就越有可能找到解决方法。就像记者采访一样，也许记者对采访内容本来不是很熟悉，但他越是深挖，他的文章就越有深度，读者也越爱看。

OKR 与执行软件

工欲善其事，必先利其器，苹果的应用商店为所有"果粉"

提供最合适的软件,在这里你可以找到任何辅助你工作的软件。OKR 也一样,它也需要合适的软件,目前有些公司还在用 Excel 来管理 OKR,这其实是错误的。

一、你需要专业的执行软件

对于比较固化的工作,常规的 Excel 软件确实是可以胜任的。但是 OKR 涉及跨部门甚至跨公司的合作,而且至少每个季度变动一次,所以需要实时记录和跟踪。

使用 Excel 管理 OKR 最大的缺陷是不能实时进行进度信息的更新,也无法解决沟通的问题。一旦项目很复杂,Excel 就很难胜任了。像谷歌这样的大公司一直使用的是自己的 OKR 软件,如果你不在世界 500 强,你也可以选择采购市面上通行的 OKR 软件。

其实市面上的 OKR 软件很多,但是在协作方面做得非常好的软件却很少,比如明道、Teambition、Worktile 这样的 SaaS 软件才能更好地满足 OKR 的跟踪需要。这些软件有项目建立和任务新建的功能,可以将一个季度的 OKR 设定为一个整体,也可以将每个 KR 进行分解,子 KR 又可以再分解。

二、OKR 软件必备的功能

在 OKR 软件采购之前,你需要明确几个问题:

1. 你的软件希望支持多少人?

软件支持的人数往往和软件的价格息息相关,一般支持人数超过 2000 人被认为是大组织,100-2000 人被认为是中小型组织。

一般软件开发商会服务于大中型的组织,低于 100 人的企业除非是战略需要,否则一般不会成为软件商的客户。面向大组织的软件,软件开发团队会积极寻求软件在 PC 端、手机端、智能手表端均能适用。面向中小型组织的软件,可能只包含一些核心的功能,以便节约它们的采购成本。

2. 你的软件谁来使用,是高管、团队还是个人?

根据软件使用者的不同,软件中的某些功能也会适当地进行调整。一般软件开发商都有针对高管、团队和个人的解决方案,如表 6-1 所示,只要你提出要求,他们都能办到。

表 6-1 高管、团队和个人 OKR 软件的不同用法表

	高管	团队	个人
用法	高管和团队是主要的使用者,个人一般最后才会参与	主要是团队领导和部分员工使用,高管有可能会用	所有员工从目标制定开始就要使用,高管将其作为管理工具
OKR 联结	基于汇报的从上到下的联结	从上到下和从下到上的联结	只需要从下到上的联结
战略和执行	强调战略	强调战略和执行	只强调执行

显然,为个人设计的软件,旨在帮助员工分享他们在 OKR 上的进展情况,将他们个人的目标与团队及公司的目标联结起来。

面向高管设计的软件,主要是为了让他们清晰地看到资源的分配情况,并及时做好风险预警。为团队设计的软件则试图在前两者之间寻找最佳的平衡点。

3. 你希望通过预测性数据还是历史性数据来给 OKR 打分?

OKR 软件最大的功能应该是方便员工及时输入数据,不断更新 OKR 的进展情况。当你输入数据之后,你希望可以得到什么呢,是对 OKR 未来完成情况的预测还是实时的进展情况数据?

历史性数据是对过去已经取得的成绩的一种反映,比如 OKR 目标是新增 10 家供应商,此时你输入新增 5 家,系统会自动判断你的 OKR 目标完成了 50%。预测性数据是对未来情况的预测,系统会根据用户的数据判断 OKR 完成的可能性。历史性数据和预测性数据的优缺点如表 6-2 所示。

表 6-2 历史性数据和预测性数据利弊一览表

	描述	优点	缺点
历史性数据	用户更新数据之后,系统会得出 OKR 完成情况的最新数据	用户更新数据时有一种成就感	如果数据没有及时更新,管理层和个人都不能得到确切的进展情况,管理层也不知道如何推动项目进行下去
预测性数据	用户输入 OKR 完成的可能性数据	全员都可以对 OKR 的完成情况进行预测,可以提早判断是否有风险并及时采取行动	个人感受不到喜悦感,对更新的数据也不能足够信任
两者相结合	用户输入了历史完成数据,也输入了 OKR 完成的可能性数据	集两家之长,个人和管理层都可以跟踪 OKR 的完成情况,并追踪其完成的可能性	用户会觉得更新数据是一件非常麻烦的事情

4.你希望软件里有游戏化的元素吗？

游戏化的意思不是指在软件中嵌入游戏，而是指在非游戏的环境中，给用户提供奖励机制。游戏化的目标是提高用户的参与度，并驱动他们的未来行动。

游戏化机制可以包含但不限于以下内容：

将用户的目标明确地显示出来；发放勋章奖励用户；激发他们参与竞争；鼓励他们进行团队合作；通过不断的升级明确当前的 OKR 进展；让用户不断赚取积分。

空手道用白带、黑带来区分运动员的实力，淘宝、京东都有会员等级制度，QQ 刚出来的时候不少人为了升级彻夜挂着 QQ，游戏化的设置就是为了激发大家的进取心。当然这也是仁者见仁和智者见智的问题，有些人也可能会被游戏化的内容分心。

一般来说，游戏化的功能可以分为最小程度游戏化、部分游戏化、广泛游戏化三种。其中，在最小程度游戏化的程序里，一般会设置绿、正常、红三种状态，绿色表示已经完成，红色则表示预警。在部分游戏化的程序里，用户可以有更多的输入选项，更新的状态很容易被别人看见，OKR 被查看的次数也会显示出来。而广泛游戏化的程序会根据 OKR 的进度给予员工奖励，比如积分、徽章、升级等，以这些无形的奖励去驱动员工完成目标。

5.你需要 OKR 软件支持每周审视吗？

你的 OKR 需要多长时间评估一次？每个团队必须多久更新一

次 OKR 数据？这些都是软件采购前你需要考虑清楚的问题。如果是以周为周期更新的软件，你若没有及时更新，它会以各种方式进行提醒。当每周所有员工更新完成之后，系统就会自动出具各种图表直观地展示目标的完成情况。

总之，软件选择的重点是你和你团队的需求，建议在购买之前要向软件开发商明确提出你的需求，并向对方索要测试账号进行测试。在接下来的演示会议上，你要提前准备好问题清单，将软件的方方面面了解清楚。毕竟购买软件的费用还是比较高的，一定要契合你的需求才好。最好是能货比三家，找到性价比最高的软件供应商。

第 7 章

影响 OKR 的关键事项

在执行 OKR 的过程中,需要考虑各个方面对其的影响,本章总结了五个影响 OKR 结果的关键事项,做好了这五个事项,OKR 的实施就会达到最佳效果。

做好目标管理

OKR 的实施，从设定目标开始。为了目标的实现，我们需要对实现目标的过程进行有效管理，也就是进行目标管理。

目标管理除了能帮助我们提高实现目标的效率之外，还关系到企业的命运，以及企业及团队长期和短期利益之间的平衡。

一、目标管理经常出现的问题

在目标管理的过程中，经常会出现以下四个问题：

1. 无法分解目标

在制定目标的时候，目标的分解是从部门到团队，最后到个人，而且目标和成果都是可以作为衡量的标准的。能够量化的目标往往体现在企业的业务部门，比如销售额以及新用户注册数等，这些部门就比较容易对 OKR 目标进行分解。

但有些部门的工作不容易被量化，所以在 OKR 目标分解的时候就遇到了困难。比如产品研发部门，这个部门可以从产品的规划和功能方面来制定部门目标，但具体分解到每个工程师的身上，就容易将 OKR 目标变成常规任务，如在某个时间段实现产品的某项功能等，从而失去了 OKR 目标制定的意义。

2. 目标之间关联性不强

对目标进行分解时，我们常常会看到不同部门之间的 OKR 目标缺乏协调性，实施起来关联性不强，甚至会产生相互矛盾的现象，这就导致了部门之间很难实现协作和配合。另外，虽然公司的 OKR 目标是全员透明的，但在一些大的公司里面，因为公司的 OKR 被记录在 Excel 表格等电脑文件中，并不方便查找，所以每个人也就很少去关注其他部门的 OKR。

3. 不及时回顾和更新目标

在每个 OKR 周期快要结束的时候，公司需要对本周期的 OKR 进行回顾和评分，便于总结和调整。OKR 在公司刚刚实行的时候，员工的积极性往往是非常高的，但随着时间的推移，OKR 会被慢慢忽略，只有当公司需要总结的时候才忽然想起。这时员工往往已经忘记这段时间自己做了什么，目标到底实现与否。

对公司领导而言，尤其是对创业初期的公司管理者来说，公司在一段时间内的变化往往是非常巨大的，如果不及时对 OKR 进行回顾，等到想起来的时候才进行总结，这个时候往往计划赶不上变化，也就失去了回顾和总结 OKR 的意义。

4. 目标执行者达不到要求

在 OKR 实行过程中，员工需要和自己的上级一起制定目标，并且要制定出对自己有挑战性的目标。这就对员工的职业素质和职场驱动力提出了更高的要求。OKR 在公司层面实施时，还需要对全公司员工进行统一培训。但是在后期总结回顾时，很多团队的 OKR 并没有达到要求，而在进行多次修改以后，容易引发员工的抵触情绪。

二、有效的目标管理方法

结合其他大公司实施 OKR 的经验，我们总结出来一种有效的目标管理方法，即"平衡计分卡（Balanced Score Card，简称 BSC）+ OKR"的方法，将公司目标用平衡记分卡制定，用 OKR 将目标分解到各个团队及个人，对全公司的目标进行有效管理。

1. 公司目标的制定要全面

上面我们讲到，在目标管理中经常会出现目标分解困难以及部门目标之间关联性不强的问题，造成这些问题的主要原因是公司制定 OKR 的维度太过单一。因为每个部门工作的侧重点不一样，如果公司制定目标时只关注某一方面，那么就会出现无法对目标进行全面分解的情况。由此产生的影响是公司内部各部门之间的目标无法协调。

针对此类现象，我们可以选择用平衡记分卡来对公司的目标进行制定和分解。

平衡记分卡出现在 20 世纪 90 年代，作为一种新型绩效管理体系，它主要从四个维度（财务、客户、内部运营、学习与成长）出发，将企业战略落地为可量化的衡量指标和目标值。

我们可以将平衡记分卡与 OKR 相结合，实现目标的层层分解，具体做法可以参照图 7-1。

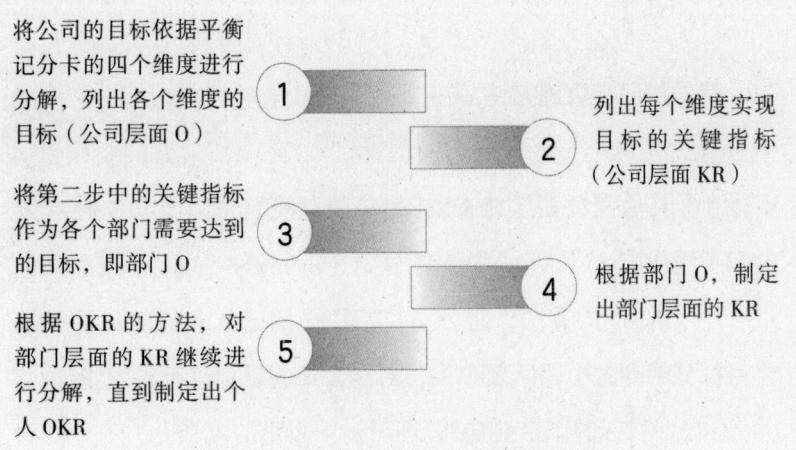

将公司的目标依据平衡记分卡的四个维度进行分解，列出各个维度的目标（公司层面 O）

①

② 列出每个维度实现目标的关键指标（公司层面 KR）

将第二步中的关键指标作为各个部门需要达到的目标，即部门 O

③

④ 根据部门 O，制定出部门层面的 KR

根据 OKR 的方法，对部门层面的 KR 继续进行分解，直到制定出个人 OKR

⑤

图 7-1　实现目标层层分解的具体做法

平衡记分卡的四个维度将公司的各个方面都囊括进来，能够让公司制定出比较全面的目标，同时将目标很好地分解到公司的各个部门。这样一来，在不同的维度上，各部门都在为公司目标而服务，由于这些目标是相互联系的，在执行的过程中就能有效避免不同部门出现矛盾的情况。

2.选择更有效的支持工具

利用 OKR 的方法来进行目标管理，需要让自己的目标对其他人公开透明，这样才能促进彼此之间的协作。而且，OKR 的目标管理是一个动态管理的过程，需要及时回顾和总结。如果只是传统地使用 Excel 来进行管理，起不到 OKR 应有的作用。因此，我们需要一个更有效的工具来对 OKR 进行展示和跟踪。

在我们给不同部门创建 OKR 时，需要将部门成员全部邀请过来。在任务板上，我们要将部门的每个目标对应为每个阶段，将每一项目标节点作为一个任务，将任务具体执行者作为目标负责人，通过"标签"或者"截止时间"来设置完成的时间节点。而且，在公司内部，我们还需要将部门 OKR 全部公开，要让公司其他部门的成员随时可以查看和访问本部门的 OKR。

3. 持续关注

对于目标管理，我们需要持续关注。在公司内部，最好有一个专门的团队来负责组织对 OKR 的总结和回顾。这个团队需要为公司全员，尤其是为中层管理者提供充足的培训。只有中层管理者对 OKR 有了深入全面的了解，才能确保公司目标能够传达准确，保证目标层层分解的准确性和有效性。

4. 打造文化

我们需要明白，OKR 不是一种绩效考核的工具，它只是一种帮助企业进行目标管理的方法。目标管理方案最终的实施，需要相应的企业文化的支持。充分的开放和信任是实施目标管理的前提，它能够有效激发员工的积极性，鼓励员工制定出带有挑战性的目标；在对目标进行总结修正的时候，才能够促使员工坦诚透明地讨论、总结和改进 OKR。

需要注意的是，在目标管理之下，每个部门的目标最终都是为公司的目标所服务的，只有让部门的目标有效地与公司的目标时刻挂钩，我们所做的目标管理才是有意义的。

做好双向沟通

现代科技不断发展的同时，各种创新企业不断出现，传统企业也在积极寻找转型的机会。这些新老企业在谋求发展的时候，需要面对来自市场、人才以及渠道等方面的挑战，在其内部管理中，也会遇到这样那样的考验。在这种情况下，OKR 因为能够激发团队的创造力而被大家所推崇。

与传统的命令式管理相比，OKR 更注重双向沟通，在操作流程上实行"自上而下"的目标管理以及"自下而上"的结果反馈。可以说，双向沟通是 OKR 顺利执行的前提。

相对于 KPI，OKR 不仅仅关注结果，还关注目标实现的过程。在这个过程中，员工会在不同层面得到有效的提升。

KPI 的执行过程一般是这样的：团队接到任务以后，对任务进行分解，主管会通过不同的方式来跟每个人确定当月的 KPI。从这个层面上来说，KPI 的制定是一个自上而下的单向操作过程。

但 OKR 不一样，OKR 将自下而上和自上而下两种方式进行了结合。举个例子，每当到了季度末需要制定下一季度的 OKR 时，公司首先就需要征求员工的意见，了解员工在下个季度最应该做的是什么事情，以及下个季度员工心中的目标和重要任务分别是什么。其次，团队领导者需要和员工进行沟通，从上级的角度出发，从团队的目标和员工认知的层面出发，跟员工沟通下个季度应该完成的任务，从而形成员工最终的 OKR。

在双向沟通中，一共包含了三个层级：公司、团队、个人。OKR 的出现将原有的管理着陆点完全颠覆，用"公司、团队、个人"取代了原来的"公司、部门、职位"这些冷词汇，在其中注入了人文因素，从这个角度来看，OKR 的关注点主要在"人"。

在现代的企业中，员工的价值维度不在于做了多少事情，而在于完成任务的质量和其本身的创新性。OKR 就是将团队的目标与个人的能力相结合，最大限度发挥员工的积极性和创新性，塑造了一种具有正能量的企业文化。

OKR 三个层级之间的逻辑关系是这样的：从公司到团队，最后到个人，层层分解设定目标的同时，注重个体员工的结果反馈，坚持双向沟通。这个时候，我们会发现 OKR 的两个管理重点是公司战略目标的聚焦和团队成员的结果导向。

一、战略目标的聚焦：自上而下的统一

对于目标的设立，OKR 的逻辑是从公司到团队，最后再到个人，实行自上而下的管理。这样管理保证了公司发展大方向的准确和对战略执行的聚焦。这里所讲的"自上而下的统一"不是僵硬的目标指派，而是目标方向性的统一，即阶段性地对目标进行总结回顾，不断跟进和调整 OKR。

比如在年末我们制定了下一年的季度和年度 OKR，在第二年执行季度 OKR 的同时，我们可以对年度 OKR 进行验证，并对其进行修正。我们需要明白，年度的 OKR 起的是指导作用，而非约束作用。

二、结果导向：自下而上的参与

发挥员工的积极主动性是实行 OKR 的目的。在其执行过程中，当你制定好个人的 OKR 之后，需要和团队的管理者进行沟通，他会根据部门 OKR 的情况来对你的 OKR 进行修正，最终形成你个人的 OKR。这里就体现了我们这一节所提到的 OKR 双向沟通的特质，体现了员工自下而上的参与。这种双向沟通的操作流程如图 7-2 所示。

图 7-2 双向沟通的操作流程

(1) 管理者和员工一起制定目标
(2) 目标制定后，员工自己决定目标实现的途径和方法
(3) 管理者在员工实现目标的过程中进行辅助、启发和跟进

值得注意的是，管理层和员工的双向互动和沟通贯穿了整个流程。而且在整体目标的设定中，来自基层的目标反馈会占到

60%。OKR 的优点在于它可以将自上而下的统一和自下而上的互动有机结合，以企业整体目标保持不变为前提，将员工的潜力挖掘出来，用团队的创造力来推动公司的发展。

此外，依据目标可量化、公开化的原则，我们可以让公司内部员工对目标的理解比较统一，让员工对彼此之间的工作完全了解，也让沟通和资源的协调方便许多。

做好 OKR 公开透明

在呈现上，OKR 是一种用过程衡量结果的方法。与其他绩效考核方法相比，OKR 是完全公开透明的，这是它的核心特征。缺失了公开性的 OKR 不能称之为真正的 OKR。公开透明是保证实现 OKR 价值和收益的关键环节。

一、公开 OKR 的意义

1. 激发责任承诺

目标的执行者在公司内部要保证目标公开透明，其赋予了执行者第一层责任承诺。在 OKR 执行的过程中，执行者对 OKR 的进度要进行实时更新，这是执行者的第二层责任承诺。最后，执行者对 OKR 要公开评分，这是其第三层责任承诺。

以往，公司员工的工作目标往往来源于上级的指派，这种工作目标并不能清晰地体现在纸面上。而 OKR 这种公开的目标，会让员工比以往更多了一层承诺压力。而且以往公司内部员工工作目标的完成情况，只局限于员工和直系领导之间进行信息共享，对于其他人是完全"保密"的。而 OKR 将这一切公开之后，可以让每个人的工作得到大家的监督，从内心出发来驱动员工，员工的责任感会被激发，责任承诺就能更顺利地推动 OKR 的执行了。

2. 促进团队相互协作

团队协作是一句永远不过时的口号，但也是一个企业内部永远存在的问题。以往解决此类问题的方法通常是"通过教育提升管理者和员工的协作意识"。但这种方法效果一般，其效果只能维持很短的一段时间，过段时间之后，我们还是会看到两个部门分别投入精力做同一件事情，或者表面"支持协作"，实际上各干各的。这种现象在越大的公司中体现得越明显，单靠提高团队协作意识是无法从根本上解决的。

OKR 的公开性可以将每个人努力实现的重要目标呈现出来。这样一来，当某个人发现自己设定的目标跟别人重合的时候，就能够少走弯路，相互配合完成目标，减少公司的成本投入。当你发现自己的目标跟其他部门关联性比较强时，你就会通过 OKR 公布的信息，了解相关部门的工作进度，让自己的工作和对方的工作进度相协调。

例如，公司的培训部门如果看到其他部门的工作目标，就会根据他们的工作进行培训调整，提供更加有针对性的培训支持，以达到预期的效果。

3. 提升员工敬业度

OKR将目标公开透明地呈现出来，让员工将公司和团队的目标了然于胸，从而促使自己将个人目标和团队的OKR相关联，认识到自身工作的意义和价值，这会在一定程度上提升员工的敬业度。

以往，你对公司的贡献是由你的上级评判的。通过OKR，你的贡献可以让全公司的人都看到，包括公司的其他同事、不同领导，甚至公司的CEO都能看到。从客观的角度来说，这可以让公司承认你的价值，让你感受到内心的公平。

此外，其他同事制定的具有挑战性的目标以及取得的成果，还会激励你制定更具挑战性的目标，让你能全身心投入到工作中去。

以上三方面，都能有效提高员工的敬业度。

4. 形成敏捷团队

未来团队发展的方向是敏捷团队，它是应对科技快速发展时代的有效方式。敏捷是什么？敏捷在于能够及时应对环境的变化。敏捷的基础，就是信息的公开透明和共享。"瀑布式开发"的根源在于前期的信息积累，而"敏捷开发"则需要不断收集信息，在开发者之间形成信息共享，对变化及时应对。敏捷团队的主要特征之一就是信息公开透明。

公开透明的信息可以让员工在多变的团队组织中找到努力的方向，不会让目标迷失。敏捷团队实现了所有信息的共享，有助于员工对团队当前的主要任务有一个大致的了解，从而让自己的工作和团队的目标任务相关联，这对于公司的发展是非常重要的。

二、公司内部实现 OKR 公开透明

公司内部可以运用内部共享工具或者应用专业的 OKR 系统，实现 OKR 在目标、工作进度以及相应评分方面的公开。公司内部要实施一定的公开原则，让每个员工都能看到别人的 OKR。当某些团队的信息需要保密时，可以在 OKR 系统中选择暂时不公开。

1. 在目标制定上达成共识

在制定 OKR 的时候，公司不同层面的人需要一起开讨论会。这些讨论会主要是解决诸如为什么选择这个目标，为什么确定这个成果，指标为什么这么设定这类问题，它们可以让目标责任人对目标的认识更加清晰，做到"知其然，亦知其所以然"，让员工在工作过程中有明确的方向。

而且，这些讨论会需要上级和所有直属下级参加，这样就可以做到各部门之间的目标共享。讨论会类似于公司内部的"工作会议"，不同的是，这种讨论会更多聚焦的是具体的目标和行动。

2. 共享目标执行

在 OKR 执行过程中，经常会有日会、周会、月例会、季度会议，公司以及各部门应该根据自身业务特点制定自身的时间周期。在会议中，大家会一起分享彼此的工作进度，总结工作过程中遇到的挑战和经验，这样不仅可以让员工学习到别人优秀的工作方法，还能大家一起讨论和解决问题。

共享目标执行，也是敏捷团队的基本要求。我们通过不断跟进目标的进度，不断总结回顾和修正目标，能够让目标更好更快地实现。

综上所述，公司内部通过公开 OKR、达成目标共识以及共享目标执行，可以更好地营造公司公开透明的管理氛围。

做好 OKR 评分

OKR 作为一套开放的企业管理框架，它的实施可以根据实际情况进行调整。OKR 制定的目的是鼓励员工对更高强度的目标发起挑战，因此，管理者在设定 KR 的时候就需要带有一定的挑战性。如果员工可以轻松完成设定的 KR，那么 OKR 就变成了一份任务清单，其就不能被称为成功的 OKR。

在 OKR 的评分标准上，常见的是用 0-1.0 的区间来进行评分，有时也可以根据个人习惯采用百分制来评分。OKR 的推荐评分标准如图 7-3 所示。

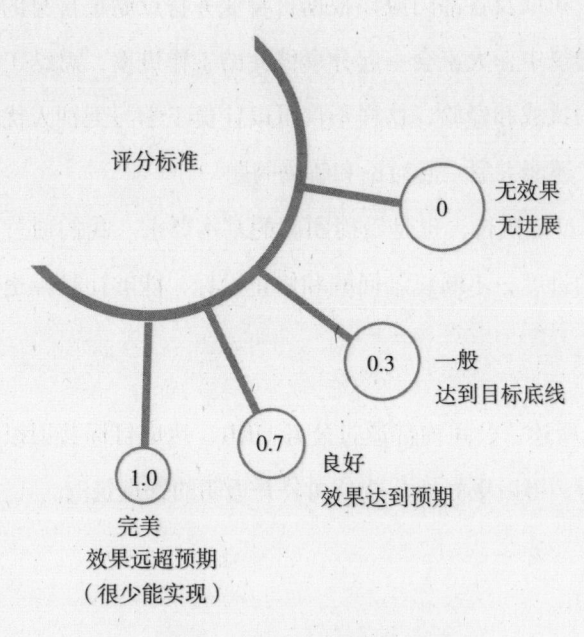

评分标准
- 0 无效果 无进展
- 0.3 一般 达到目标底线
- 0.7 良好 效果达到预期
- 1.0 完美 效果远超预期（很少能实现）

图 7-3　OKR 的推荐评分标准

从 0 到 1.0 的评分，分数的多少取决于完成 KR 的程度，但它并非和对应指标成比例关系。例如，如果 KR 设定的是一个季度产品销售量提升 10%，而实际情况是销售量提升了 5%，它的评分不一定就是 0.5，因为 KR 的评分是根据任务的难易程度来确定的。

还是上面的例子，我们可以这样设定：

"一个季度产品销售量提升 5%"是一个常规销售人员能够达到的目标底线，我们就可以把 KR 的评分设定在 0.3 的层面；

"一个季度产品销售量提升 8%"是一个效果显著且难度较大的目标,如能达到,我们就可以把 KR 的评分设定在 0.7 的层面;

"一个季度产品销售量提升 10%"是一个难度非常大的目标,无论如何也无法达到,但因为某些因素的加成,可能有一丝希望达到,我们就可以把 KR 的评分设定在 1.0 的层面。

从上面我们可以看出,评分的目的是为了制定比较合理的 KR。评分的分值对应的是完成相关任务的难易程度。当 KR 的评分标准设定完成后,周期结束时评分环节就比较简单直接了。KR 的评分标准就像考试中老师的区段打分法一样,有一定比例的学生可以得优秀,有一定比例的学生可以得良好,以此类推。

我们需要明白,OKR 的实施目的是为了让员工聚焦关键目标,用一个高标准的姿态来规划任务,任务的难易程度决定了 KR 设定的成功与否。在互相交流的过程中,我们很容易认识到自己能够达到的水平,并且我们要在这个水平上对自己提出更高的要求和挑战。

以跳高为例,运动员在比赛刚开始时,一般会先尝试自己训练中十拿九稳的高度,再将这个高度逐级上调。当名次已经稳定后,他还会要求挑战自己的历史最好成绩,以争取超越它。

在 KR 评分的时候,管理层也需要对 KR 的负责人进行评分,特别是当整体评分比较低的时候。但我们需要明白,对于所有的结果,管理层需要负最终的责任,不能用某些理由来给 KR 负责人施加压力。评分和复盘的过程应该聚焦在吸取教训和经验总结上，而不是评分本身。

在真正的实践中，KR 的负责人往往是自驱力比较强的员工，所以不能用绩效来衡量他们的付出，不能靠绩效来驱动他们。

做好 OKR 周期设定

当 OKR 开始落地执行时，该如何选择合适的实施周期呢？

一般而言，我们可以从以下四个方面入手来设定 OKR 的实施周期：

一、了解 OKR 的常用周期

"OKR 只适合以季度为周期"是旁人对 OKR 周期的误解，因为谷歌在 2011 年以前一直使用这种周期模式。但在新的首席执行官拉里·佩奇上任以后，年度和季度周期就被同时采用了。

多数成熟的 OKR 实施方都明白，目标不同，工作节奏也会不同，比如与战略性目标相比，策略性目标的变化就会更快。因此，为了将战略和策略区分开来，OKR 一般采用三种周期，如图 7-4 所示。

而 OKR 周期制定最普遍的模式有两种：

1. 为公司制定年度战略性 OKR（大的事业部和业务部门也可

战略性周期中，公司高层需要长期保持战略对话，必要时需要对公司 OKR 进行审查

策略性周期存在于团队的短周期 OKR 实施中

跟进性周期存在于 OKR 实施期间，需要定期进行检查，跟进实施的结果

图 7-4　OKR 常用的三种周期

以制定此类 OKR 周期）；

2.为团队制定季度策略性 OKR，并将跟进性周期融入其中，同时进行季中检查。

在这里，我们需要注意，公司层级是不适合制定季度 OKR 的。而且不同的团队，可以根据自身的实际情况来制定周期。例如，开发出自己独特 OKR 的 Spotify 公司就以 6 个月为战略性周期和 6 周为策略性周期，其被称为 Spotify 节奏。

二、找到适合团队的 OKR 周期

一般而言，周期越短，设定 OKR 的时间就越短。所以，如果你想要采用短周期，就需要将 OKR 的流程设定得足够简单，不然你会被时间拖垮，在设定 OKR 这一环节浪费太多时间。

同时，如果商业合约存在风险，或者市场变化较快，那么此

时制定较长周期的 OKR 是毫无意义的。

对于刚刚采用 OKR 的管理者来说,可以从季度策略性周期开始,辅以季中回顾。这种模式可以让管理者在学习中对 OKR 进行调整,这也是大部分团队所使用的模式。

三、为不同团队,设定不同的目标周期

为了降低复杂性,我们可以从单一周期入手,然后逐级递增,一边学习,一边升级。

在硅谷,我们可以看到,成熟的公司会根据团队职能的不同而制定不同的周期,比如为销售团队制定年度 OKR,为研发团队制定季度 OKR。这其中包含的经验是:

1. 避免复杂;
2. 在公司发展的同时,对 OKR 做出及时调整;
3. 将"同步机会"的次数最大化。比如,一个以 4 个月为周期的团队与一个以 3 个月为周期的团队,这两个团队每年的 OKR 只能同步一次。

四、设定年度目标与季度周期的关键成果

当公司确定采用年度战略性 OKR 的模式,并为整年设定目标的时候,也要为各个季度设定预期要完成的阶段性目标,以此来

保证工作没有偏离目标。当你在年中回顾季度目标的时候，你对年度战略性目标的期待值可能会发生变化。

从另一个层面上来说，有的公司认为目标是需要逐步实现的"愿景"。比如，对于"让客户满意"这个目标，公司可以将它设定为若干周期，在每个周期内都设定需要实现的新的关键成果。

随着时间的推移，某些关键成果有时也会发生变化，这些都是建立在目标改变的基础上。比如，公司的季度总结中总会有类似收益和净利润这类评估指标。但是对团队而言，随着时间的变化，这些评估指标的价值驱动力也会发生变化。

第 8 章

个人 OKR 的制定流程

如果我们把公司比喻成一架庞大的机器,那么员工就是机器上的小零件,每一位员工组合在一起并且协同一致,才能让公司这架庞大的机器顺利运行。

个人OKR要与公司OKR相联结

公司是一群个人的集合，在使用OKR工作法时，个人与公司的OKR应当有一定的联结。试想一下，如果公司里的每个人都是一座孤岛，不与任何人产生联结，那么这家公司必然无法运营下去。

因此，在使用OKR工作法时，个人与个人之间、团队与团队之间、个人与公司之间、团队与公司之间等，无论是从纵向还是横向，都会产生联结。我们只有注意这些联结，方能顺利实施OKR工作法。

一、符合"父子概念"

什么是"父子概念"呢？其实就是主目标与副目标的另一种说法，它起源于公司的各个层级。

比如一般的公司会分设各个部门，各部门又有各自的管理人员，管理人员下面又有各自的员工。OKR工作法应用到这类公司中，便可以形成公司层级的OKR、部门层级的OKR和个人层级的OKR。

这其中，联结最为紧密的是目标O。三个层级的O之间存在着"父子概念",即公司层级 O 是部门层级 O 的父目标,部门层级 O 是个人层级 O 的父目标;那么反过来说,部门层级 O 就是公司层级 O 的子目标,个人层级 O 就是部门层级 O 的子目标。

因此在使用 OKR 工作法设定目标时,父目标是子目标的指导方向,子目标是父目标的具体执行,只有符合这一联结,个人的 O 及 OKR 的制定才不会偏离方向,才能取得最终的成功。

这里我们以谷歌的一次 OKR 分解为例,来进一步了解一下不同层级,尤其是个人层级 OKR 与公司层级 OKR 之间的联结。

公司层级:我们应该像翻阅一本杂志一样快速上网。

部门层级:人力资源部——打造非常专业的研发团队;产品研发部——开发目前速度最快的浏览器;行政部——打造更好的工作环境。

个人层级:如果你是行政部的员工,负责餐饮,那么在部门层级目标"打造更好的工作环境"的指导下,你需要做的是改善员工餐饮水平,以此完成自己这一部分优化工作环境的任务。

二、注意纵横联结

通过上文我们了解到,公司的父子目标可以使公司全体人员在由上而下、由下而上的联结中保持一致,当一个公司的所有人员之间配合默契,像"一个人"一样去工作时,那么其必然是战无不胜的。更进一步地说,个人 OKR 与公司 OKR 之间的纵横联结，不是由上而下摊派、分解的，而是需要个人与个人、个人与团队、个人与公司、团队与团队、团队与公司等多种维度的联结所维系的。

除此之外需要注意的是，在个人OKR的制定过程中，子目标只看父目标的O，不看父目标的KR，这是因为层级不同，对KR的制定必然不同，没有具体执行方面的参考意义。我们只看子目标如何促进父目标达成即可。与此同时，我们也不可以把父目标的KR当作子目标的O，这样对于工作的解读会出现误差，造成工作重叠，降低工作效率和目标达成度。

三、注意目标差值

在个人OKR与公司OKR的联结中，我们需要注意的另一个关键点就是目标差值。很多人认为，把子目标实现了就相当于父目标实现了，这种认知是错误的。比如在OKR执行过程中，我们一共列了1个父目标，4个子目标，可是在实现3个子目标之后我们发现父目标只实现了35%，导致父目标与子目标之间存在了65%的目标差值，这是为什么呢？

研究发现，之所以出现这样的情况，多是因为子目标没有对父目标的达成产生有效的贡献，比如子目标制定不合理或者KR制定存在问题等，都容易造成这种情况。

➡️ 制定个人 OKR 的注意事项

"千里之堤,溃于蚁穴",在制定个人 OKR 时,如果忽略细节,很容易影响整个 OKR 的实施。因此我们要明确以下注意事项,这样才能更好地制定并实施 OKR。

一、明白为什么要制定个人 OKR

在实施 OKR 的公司中,有不少公司的 OKR 止于部门这一层级,员工个人很少会参与 OKR 的制定。如果你的员工有能力制定 OKR,建议公司要给员工机会,尽量让每个人都参与到公司 OKR 的制定与实施中,因为只有领导者、推进者、实施者都参与到 OKR 中,才能保证 OKR 顺利实施,有效促进公司发展。如果个人没有参与 OKR,只是公司层级或团队层级在参与,员工便很容易忽视它,这对 OKR 的执行和达成会产生很大的负面影响。

除此之外,员工在参与 OKR 时,公司一般会对他们进行 OKR 培训,这对员工的个人能力来说是一种提升,让他们多认识一种工作方法,对自身的工作有益无害。员工的参与还可以增强他们的沟通和协作能力,OKR 不论是站在个人角度还是公司角度,都不是一次性的,而是一个动态、持续的过程,在这个过程中，所有参与 OKR 的人都要不断地沟通，以便于 OKR 的顺利实施。时间久了，整个公司的协作能力也会得到提升。这样一来，个人和公司都能互相促进，蒸蒸日上，何乐而不为呢？

因此，我们要明白为什么个人也需要制定 OKR，这不是额外的工作，也不是故意的刁难，而是相互提升的有益方法。只要我们摆正态度，OKR 的制定与实施自然会顺利很多。

二、制定 OKR 之前先制定一个清晰的战略

在制定 OKR 之前，我们需要先结合外部环境和公司内部条件制定一个清晰的战略，这个战略可以作为一个参照物使用，帮助我们自上而下地判断每一个 O 和 KR 是否合理，为制定 OKR 提供支撑。如果大家制定的 OKR 与公司战略相距甚远，说明这个 OKR 并不能给公司带来长远发展，即使它短时间内可以提升公司的运营效率，也需要进一步优化后才能实施。

三、避免 OKR 自上而下制定

公司在制定 OKR 时，考虑到多方面因素往往会自上而下进行制定，简单来说就是摊派。但是这种做法非常外行，OKR 需要领导、制定、执行人等都参与进来，充分商量之后才能更好地制定与实施。因此无论是公司管理者还是员工个人，在制定 OKR

时都要参考上下级以及同事之间的意见，不要简单地复制上级的KR作为自己的O使用，要让OKR有自上而下、自下而上等多种维度。

这里要强调的是，自上而下不是要被"一棍子打死"的，我们指的是不能硬性摊派，个人的OKR与上层组织的OKR保持一致还是个人制定OKR的大前提。

四、OKR制定后要贯彻到底

很多人的OKR之所以实施不下去，是因为他们把OKR当成了一种应付，制定之后就束之高阁，还是按之前的方法工作，到了每月、每季度结束时才去看一下所有的O与KR是否达成。这样一来就失去了制定OKR的意义，自然也无法得到OKR带来的益处。我们要明确一点，OKR是一个持续的纪律要求，坚持使用OKR一段时间之后，对于我们的自律、自控能力都是一种提升。

五、不宜强求每个人都制定OKR

尽管我们希望每个人都能制定OKR，以辅助自己的工作，但是在对OKR不熟悉的时候，最好不要如此强求，因为OKR会增加工作的复杂性。如果个人没有独立的或者多个评估指标时，就不需要单独负责一个或者多个KR了，也就可以不用OKR这种工作方法了，只要按照团队的 OKR 做好行动计划并执行即可。

> 总而言之，大家要重视制定个人 OKR 的注意事项，这样才能让所制定的 OKR 有效达成。而且 OKR 的有效达成不仅对工作有利，我们还可以把 OKR 工作法应用于学习、家庭、健康等多个方面，促进个人多维度平衡发展，可谓益处良多。

制定个人年度 OKR 的方法

根据前面两节的内容，我们对于制定个人 OKR 的条件已经有了大体的了解，本节将详细为大家讲述制定个人年度 OKR 的方法。

一、制定目标

前文中我们已经说过，在制定 OKR 目标时一定要有野心，且充满正能量。个人在制定年度 OKR 目标时也是如此。在此基础上，我们需要知道，制定个人目标可以分为两步：

1. 制定个人年度大目标

在制定个人年度大目标时，我们要根据公司目标、部门目标、团队目标进行综合考量。考量可以通过员工会议、一对一会议等进行。简单来说就是我们要通过沟通，制定出以公司目标为核心，紧跟部门、团队目标的个人年度大目标。

个人年度大目标与公司、部门、团队目标是有略微差异的。一般来说，公司、部门、团队目标主要集中于工作，很少涉及其他方面。而个人年度大目标可以在精力允许的范围内，除制定出工作目标外，再制定出可以更好地辅助工作目标的健康目标和提升目标等，如图8-1所示。

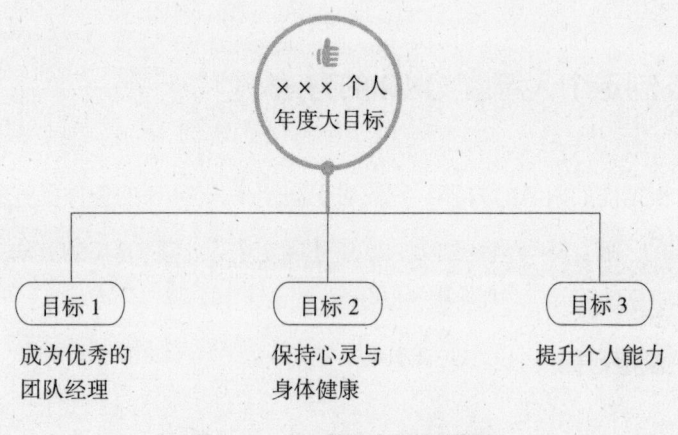

```
                ×××个人
                年度大目标
         ┌─────────┼─────────┐
       目标1      目标2      目标3
      成为优秀的  保持心灵与  提升个人能力
      团队经理    身体健康
```

图8-1　个人年度大目标的制定

另外，上文中之所以提到在精力允许的范围内，是因为个人目标制定没有像公司目标制定那样有严格的数量限制，只要有精力，目标可以多制定几个。不过为了避免过多的目标占用工作时间，建议目标数量保持在3-8个为宜。

2. 拆解个人年度大目标以制定出小目标

在每一个个人年度大目标之下，我们可以拆解出2-5个小目标，如图 8-2 所示。在拆解小目标时，我们一定要注意：小目标是从大目标中分解而来的，两者要具有非常强的关联性；小目标要更具挑战性，甚至难度要高于大目标，这样才能保证大目标的顺利达成；小目标的语言要通俗易懂，内容要尽量具体一些，工作方面的小目标最好有可以衡量的标准。

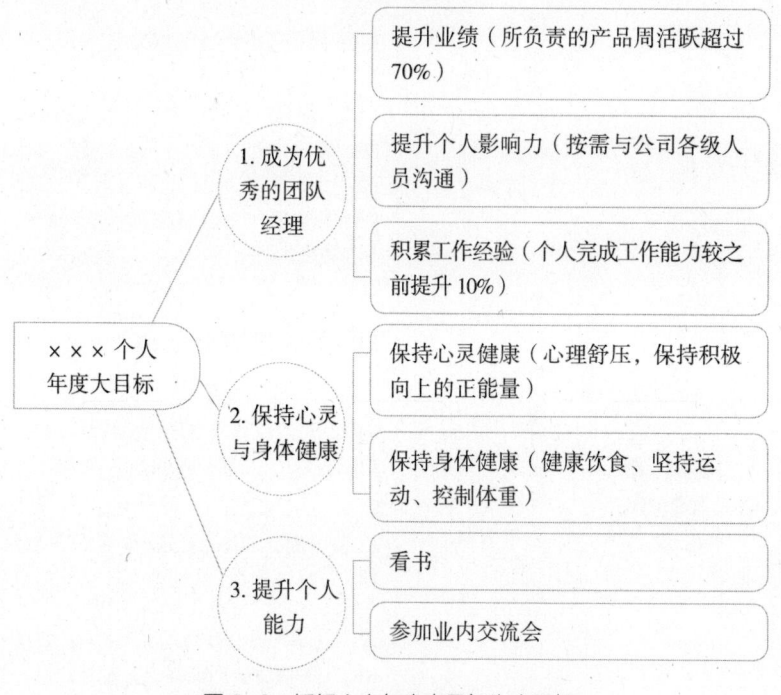

```
                          ┌─ 提升业绩（所负责的产品周活跃超过 70%）
          ┌─ 1. 成为优秀的 ─┼─ 提升个人影响力（按需与公司各级人员沟通）
          │   团队经理      └─ 积累工作经验（个人完成工作能力较之前提升 10%）
×××个人 ─┤
年度大目标 ├─ 2. 保持心灵 ──┬─ 保持心灵健康（心理舒压，保持积极向上的正能量）
          │   与身体健康    └─ 保持身体健康（健康饮食、坚持运动、控制体重）
          │
          └─ 3. 提升个人 ──┬─ 看书
              能力         └─ 参加业内交流会
```

图 8-2　拆解个人年度大目标为小目标

二、给每个目标制定关键成果 KR

在制定了目标之后，我们需要给每个目标制定关键成果 KR。

KR 一定要服从它所服务的 O，并且和 O 有极强的关联性。除此之外，我们在制定 KR 时一定要注意时间、数量或者质量等，并以此作为我们量化 KR 的依据。下面我们就以图 8-3 中的目标 1 为例，详细向大家阐述如何制定关键成果 KR。

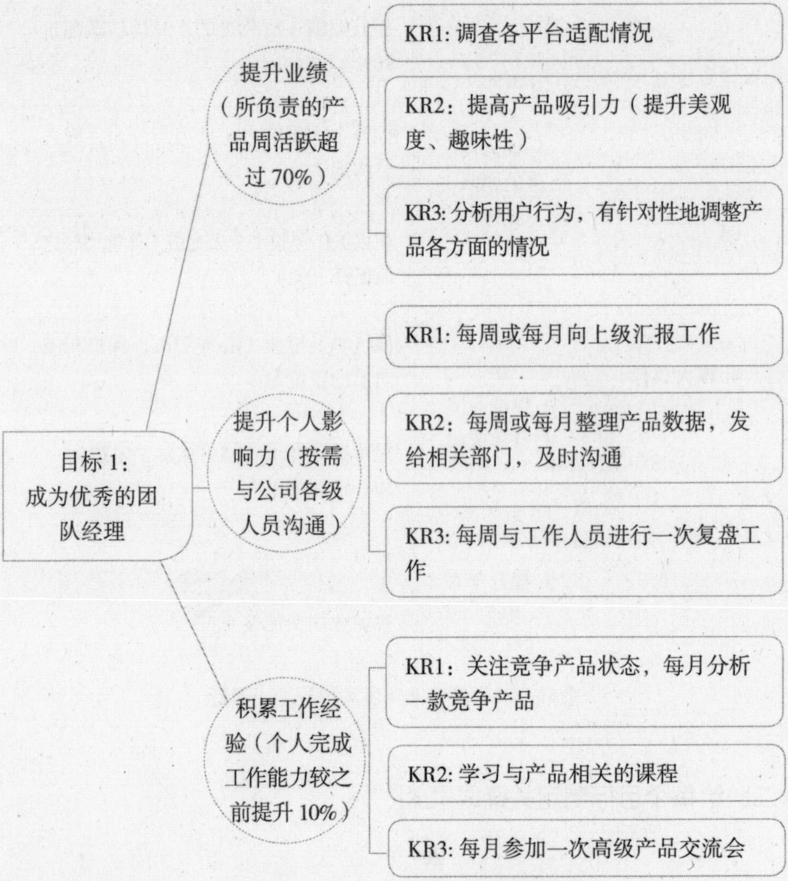

- 目标 1：成为优秀的团队经理
  - 提升业绩（所负责的产品周活跃超过 70%）
    - KR1：调查各平台适配情况
    - KR2：提高产品吸引力（提升美观度、趣味性）
    - KR3：分析用户行为，有针对性地调整产品各方面的情况
  - 提升个人影响力（按需与公司各级人员沟通）
    - KR1：每周或每月向上级汇报工作
    - KR2：每周或每月整理产品数据，发给相关部门，及时沟通
    - KR3：每周与工作人员进行一次复盘工作
  - 积累工作经验（个人完成工作能力较之前提升 10%）
    - KR1：关注竞争产品状态，每月分析一款竞争产品
    - KR2：学习与产品相关的课程
    - KR3：每月参加一次高级产品交流会

图 8-3　给每个目标制定关键成果 KR

三、给每个 KR 制定行动计划

在每个 KR 都制定完成后,我们接下来要做的就是为这些 KR 制定行动计划。个人 OKR 的行动计划与公司 OKR 的行动计划一样,都要落实到个人的行动上,分阶段、分时间做好具体事项,以达到想要的成果。这个行动计划更多是考验我们的自我约束能力,只要约束能力够强,能脚踏实地地执行计划,便能顺利实施 OKR。

四、注意设计周期,形成详细表格

除上所述,制定个人年度 OKR 时还需要注意以下两点,这样的 OKR 才算是一个完整的 OKR。

1. 注意设计周期

一般来说,OKR 的设计周期分为年度、季度与月度三种。也就是说,我们在为整年制定一个 OKR 的同时,也要为每个季度、每个月分别制定一个 OKR,以保证我们的 OKR 没有偏离原本想要达成的战略目标。

除了以上这种最为常用且基础的设计周期之外,OKR 的设计周期还会因部门职能的不同而有所差别,比如销售团队一般都会制定年度 OKR,以此来衡量一年的工作情况,而产品研发团队则常用季度OKR，以便于随时监督OKR的实施情况。

对于刚开始使用OKR工作法的个人来说，建议使用季度周期，辅以月度回顾即可，这种模式相对简单，可以帮你一边学习一边调整OKR。如果个人已经比较熟悉OKR，设计周期则可根据自己的具体情况，参考公司、所属团队的OKR进行制定。

在制定时，个人只要注意两方面即可：一方面，要采用较短的OKR设计周期，就要确保OKR制定的流程足够简单，否则这个OKR周期很快就过去了，下个OKR周期还没来得及制定，或者为了保证OKR的制定与实施，需要花费大量的时间在OKR上，这样得不偿失；另一方面，个人在制定OKR时要考虑市场大环境和自身商业合约的问题，如果你所在的市场变化速度很快，就不宜设计周期较长的OKR，同样的，如果商业合约有风险，比如合约快到期不打算续约或者公司可能会解约时，都不宜制定周期较长的OKR。

OKR周期确定之后，在每个周期即将结束时，我们要对个人OKR进行快速复盘，然后开始下一个周期即可。这样形成良性循环之后，你会发现工作变得简单很多。

2. 形成详细表格

表格一般分为两种，一种是比较简单的日常监督表格，如表8-1所示；另一种是比较详细的得分表格，如表8-2所示。日常监督表格适合自己看，得分表格需要领导参与，是面向公司全员公开的表格。

表 8-1　日常监督表格

O（目标）			
KR（关键成果）1		行动计划 1	
		行动计划 2	
		行动计划 3	
完成度：是□ 否□	备注：完成情况、存在问题、解决方法等		
KR（关键成果）2		行动计划 1	
		行动计划 2	
		行动计划 3	
完成度：是□ 否□	备注：		
KR（关键成果）3		行动计划 1	
		行动计划 2	
		行动计划 3	
完成度：是□ 否□	备注：		

表 8-2　得分表格

序号	目标（O）	关键成果（KR）	KR 权重（%）	O 权重（%）	自我评分（40%）	领导评分（60%）	综合得分
1		KR1：					
		KR2：					
		KR3：					
领导签字：			自己签字：		备注：		
2		KR1：					
		KR2：					
		KR3：					
领导签字：			自己签字：		备注：		
3		KR1：					
		KR2：					
		KR3：					
领导签字：			自己签字：		备注：		

形成详细的表格之后，我们要确保个人的 OKR 向公司全员公开。所有人的 OKR 都公开之后，才能让大家看到每一个人所负责的工作，了解实际需求，避免重复劳动、沟通问题和协同问题。

> 通过以上的制定方法，我们可以发现，个人年度 OKR 的制定方法与公司 OKR 的制定方法大体相同，需要符合高标准、高要求、可量化、可评价等原则。只是个人制定的 OKR 更为具体、详细，是对个人工作方法、途径的不断优化。
>
> 简单来说就是个人 OKR 的制定看似复杂，其实是对个人工作的整合，即在日常工作的基础上，归纳出一个宏观层面的目标作为工作指导，并设置若干层面的 KR 来督促、检测目标的完成情况。

▷ 不同级别的人如何制定个人 OKR

万达集团领导人王健林曾经说过"先定一个能达到的小目标，比方说先挣一个亿"这样的话，表达了他的目标。如果你只是一个普通管理者或者员工，也定这样的目标显然是不现实的。所以个人 OKR 的制定因为级别不同而有所区别。只有不同级别的人"量身定制"不同的 OKR，才能让 OKR 更顺利地实施。

一、公司最高领导人制定个人 OKR

公司最高领导人,就像我们之前提到的王健林,这一层级的管理者是公司的掌舵人,其所制定的个人 OKR 不仅仅局限于 O 与 KR,还包括很多其他内容,比如公司使命、愿景、战略等,如图 8-4 所示。只有基于宏观层面制定的个人 OKR,才能指引公司更好地前行。

图 8-4 公司最高领导人制定的个人 OKR

其中，使命代表的是"公司为什么存在"，决定了公司存在的必要性，比如现在比较火爆的短视频平台，其使命便是迎接内容红利，让更多的人爱上短视频。

愿景代表的是"公司拥有怎样的未来"，决定了公司的前景，比如让越来越多的九零后、零零后入驻短视频平台，发布短视频或者观看短视频。

战略代表的是"什么对公司的总体成功最重要"，比如与其他平台合作或者冠名，增加自身短视频平台的曝光率和使用率等。

目标与关键成果则属于OKR的范畴，其中目标代表"公司近期需要聚焦什么"，关键成果代表"聚焦的目标有没有实现"。至于公司最高领导人个人OKR的制定方法，与其他OKR的制定方法是一致的，需要注意的是其要站在公司的战略角度，不用像团队或者员工OKR那样详细。比如目标如果是提高用户入驻率，那么关键成果可以定为：维持原有用户的续约率超过80%；开发新用户；完成1000万的交易额。

项目代表"怎么才能实现制定的目标"，一般每个OKR之下可以制定3-5个项目，描述项目时语言要通俗易懂，尽可能具体一些。

任务就是行动计划，代表"谁去执行以及怎么执行"，一般也可以制定3-5项，描述任务时可以简单一些，能落实到团队或者个人即可。

二、其他管理者制定个人 OKR

这里的其他管理者是指公司高层、中层、基层的管理人员，这些人员在制定个人 OKR 时，基本流程大体一致，只是具体内容有所差别而已。下面我们就介绍一下这部分人制定个人 OKR 的基本流程，了解了以下流程，具体的 OKR 内容根据自己的实际情况制定即可。

1. 制定

这里的制定包括以自上而下（公司管理者根据自己所处的位置，结合公司总体年度 OKR，制定相应的 OKR）、自下而上（管理层根据下级员工的反馈，结合公司及所管理部门的 OKR 来制定、调整相应的 OKR，使其适应一线工作的需要）的方式来制定部门年度 OKR，拆解部门季度 OKR，并进一步制定个人 OKR，帮助下级员工制定个人季度 OKR 等。

作为公司的管理层，我们如果想让 OKR 成功，在参照公司整体 OKR 的基础上，可以遵循"60% 的 OKR 内容由员工制定，40% 的 OKR 内容由自己制定"的原则。之所以员工占比更重，是因为员工身处一线，往往更了解客户的真实需求，再结合管理者自己的战略眼光，便能制定出比较成功的 OKR。

2. 发布

公司发布的 OKR 包括公司年度 OKR、公司季度 OKR、部门季度 OKR、员工季度 OKR 等。作为管理人员，我们在完成自己的个人 OKR 之后，要监督或者指导员工完成他们的个人 OKR，将其汇总后通过邮件发送给所有员工，保证各层级的 OKR 都公开、透明地面向公司全体成员。这种公开、透明的发布可以让每一个人的工作一目了然，能够避免重复性工作，并且帮助员工增强集体参与感，提高工作积极性。

3. 执行

OKR 的执行与其他工作不同，OKR 是工作中的重中之重，是目前急需要完成的工作，所以我们在进行日常工作时，要优先执行制定好的 OKR。管理者可以通过每日小组会议（小组内成员汇报 OKR 昨日的进展情况、今日的计划及出现的问题等的会议，时间一般控制在 15 分钟）与每周部门会议（部门内成员汇报 OKR 执行情况，整理 O 与 KR 的完成情况，并讨论下一步如何执行的会议），及时监控 OKR 的执行进度。

在此过程中，管理者一定要注意的是不要把会议当成形式，而要通过会议了解到 OKR 的执行情况，找到下一步的行进方向，同时了解员工是否能胜任目前的 OKR，并及时做出调整。

4. 自评

因为 OKR 都是可以量化的，所以管理者要组织员工对自己的 OKR 进行每月、每季度的自评，管理者对自己的 OKR 也要自评。自评结果要在部门会议上做汇报，这样更具有可信度，可以帮助我们更好地进行反思，利于下个月、下一季度 OKR 的执行。在自评时，管理者要传递自己的正能量，积极影响员工，让他们明白自评不是为了绩效考核，也不是要批评做得不好的人，而是要找到任务未能完成的症结并解决它，做到共同进步，让大家不要有心理负担。

5. 反思

自评完成后，管理者要针对发现的问题进行部门、管理层的总结反思，总结之前 OKR 的执行和完成情况，对有成绩的人员进行表扬，对有问题的人员予以批评和点拨，其最终的目的都是为了让下个月、下一季度的 OKR 可以顺利实行。此处需要管理者注意的是，批评和点拨是为了更好地提升工作能力，不要止于批评，而不讨论进步方法。那样反思就失去应有的意义了。

6. 更新

在反思了上个月、上个季度的 OKR 之后，管理者要及时更新 OKR。一般来说，更新 OKR 的顺序是公司 OKR—部门 OKR—个人 OKR。之所以用这样的顺序，是因为公司 OKR 是所有 OKR 的指示灯，只有它起到领头作用，其他的 OKR 才能更好地制定与实施。

鉴于此，公司、部门与个人在更新 OKR 时侧重点有所不同，公司层面的 OKR 更多的是起指导作用，所以侧重更新 O；部门与个人层面的 OKR 更多的是起执行作用，所以侧重更新 KR。另外，管理人员在更新时要注意把控节奏，不要让员工掉队，影响工作进度。

7. 庆祝

说得通俗一点，管理其实就是"萝卜+大棒"，只有"萝卜"的奖励与"大棒"的监督并行，管理才能更有成效。我们在实施OKR工作法时也是如此，平时的执行与监督必定给员工带来不小的压力，当最后的结果出现后，建议管理者通过组织聚餐、团建或者赠送小礼物等方式让团队感受到上级的关心。如果OKR完成得好，庆祝方式可以多一些，让员工感受到收获成果的喜悦；如果OKR完成得不太好，庆祝方式建议简单一些，算作是一种鼓励，主要是调动员工继续努力的动力。

如果是公司完成了OKR，庆祝应该在全公司范围内开展。如果是部门完成了OKR，庆祝可以分为多个层级，比如部门内小组完成了OKR，可以组织小组人员进行庆祝；若是部门完成了OKR，可以组织部门进行庆祝；若是季度OKR完成了，可以组织管理层进行庆祝。

三、普通员工制定个人OKR

普通员工制定个人OKR相较于管理层制定个人OKR要简单得多，只要所制定的OKR概括性强、包容度大、可以量化，能够按部就班地完成工作即可。具体制定方法可以结合自身情况，参考制定个人年度OKR中所讲的方法。

普通员工对于OKR的贡献主要在于他们往往身处一线，可以直接接触客户或者具体工作,并对其有详细的了解,可以弥补身居高位的管理者容易忽视的细节。所以在制定OKR时需要普通员工的参与,需要他们贡献自己的力量,把所知的有利于OKR制定与实施的信息汇报给上级。

> 由上可见,在一家成熟的公司,OKR一般需要全员参与。每个人都在自己的岗位上发光发热,OKR自然可以顺利制定与实施,为公司发展和个人发展服务。

常见职位的OKR参考模板

在经济全球化的今天,公司越来越多,工种也五花八门,为了方便大家更好地制定OKR,深入了解OKR的具体实施,我们在本节为大家盘点了很多常见职位的OKR,大家可以将其作为制定、实施OKR时的参考模板使用。

一、人事部门

人事部门是公司人力资源和公共事务的管理部门,一般负责公司人力资源工作的规划,人事程序和规章制度的制定,人力资源的招聘、培训、考核等事务,以满足公司经营管理的需要。由于"以人为本"观念的普及，现在大多数公司都成立了专门的人力资源部门，取代之前的人事部门。

1. 人力资源经理

O（目标）1：××××年一月完成各级员工职业生涯轨迹表。

KR（关键成果）：

KR1：一月十日之前完成公司所有人员职业规划的收集工作；

KR2：一月中旬完成为高绩效员工制定新计划的工作；

KR3：一月底完成为每个部门制定标准绩效改进计划的工作。

O（目标）2：××××年二至四月更新公司薪酬、福利制度，提高市场竞争力。

KR（关键成果）：

KR1：二月中旬之前收集公司所有管理层成员对薪酬、福利的指导意见；

KR2：二月底完成竞争对手的薪酬、福利制度分析；

KR3：三月对目前的薪酬、福利制度进行调整；

KR4：四月取得领导签字，推行新的绩效考核工具。

2. 人力资源主管

O（目标）1：××××年第一季度招聘××名新员工。

KR（关键成果）：

KR1：一月完成年度招聘计划的制定；

KR2：二月落实与猎头公司和招聘平台的合作，及时跟进进度；

KR3：三月中旬完成新招聘页面的设计；

KR4：三月底重构公司内推计划，将公司内推率提升××%。

O（目标）2：二月底前完成新员工发展计划。

KR（关键成果）：

KR1：一月底前完成各级员工职业生涯轨迹表；

KR2：二月中旬完成新的领导力发展计划；

KR3：二月底前推出新员工学习管理系统。

二、财务部门

财务部门是公司负责财务管理的职能部门，主要工作是对筹资、投资、资金营运、利润分配等进行管理，目标是保证公司利润、收益、财富和社会责任的最大化。

1. 首席财务官

O（目标）1：××××年十二月底完成明年战略计划。

KR（关键成果）：

KR1：十月底之前与公司所有部门利益相关者见面；

KR2：十一月中旬与销售部决策人一起制定收入目标；

KR3：十一月底完成全公司招聘计划；

KR4：十二月中旬获得董事会、管理层对战略计划的批准。

O（目标）2：九月底前完善××××年年度预算。

KR（关键成果）：

KR1：二月中旬前与公司各部门决策人研讨预算；

KR2：六月底前审批公司各部门提交的预算提案；

KR3：九月底前完成最终预算。

2. 财务部经理

O（目标）1：××××年第一季度完善财务报告流程。

KR（关键成果）：

KR1：一月底前招聘一位财务人员；

KR2：二月底前在公司内部推行一款财务软件；

KR3：三月中旬完成公司季度财务状况评估。

O（目标）2：帮助各部门在十二月中旬完成年度计划。

KR（关键成果）：

KR1：十月之前完成市场营销部的年度定价审查；

KR2：十一月中旬完成产品年度研发计划升级方案；

KR3：十二月初完成客户成功预算计划。

3. 会计经理

O（目标）1：××××年十月底前完成财务报表。

KR（关键成果）：

KR1：十月中旬前获取公司库存量报告；

KR2：十月底前完成资产负债表核对；

KR3：十月底批准月末日记账分录。

O（目标）2：十月底前完成发票寄送工作。

KR（关键成果）：

KR1：向销售运营部确认新的客户条款，在十月中旬完成发票寄送工作；

KR2：十月底前完成原有客户发票寄送工作。

O（目标）3：十一月底前完成应付账款工作。

KR（关键成果）：

KR1：十一月中旬收集公司所有部门的发票；

KR2：十一月二十日前完成各部门负责人发票批准工作；

KR3：十一月底前向财务经理申请批准并完成付款。

三、市场部门

市场部门是公司营销组织架构中非常重要的组成部分，一般由产品市场部、市场开发部、市场宣传部和销售支持部组成，主要职责是制定年度营销目标计划，建立完善营销信息收集、处理、交流及保密系统，分析消费者心理，分析竞争品牌及产品，做出销售预测，制定产品价格等，其在公司发展中发挥着巨大作用。

1. 市场部总监

O（目标）1：保证公司×××年收入目标的达成。

KR（关键成果）：

KR1：收集××个目标用户对产品的意见及建议；

KR2：第一季度完成年收入的××%；

KR3：第一季度前获取超过××个可能成功的销售线索或用户；

KR4：第二季度每个月与销售部管理者进行一次会议，促使第三季度收入目标的达成。

O（目标）2：巩固本公司产品在市场上的主导地位。

KR（关键成果）：

KR1：顺利交付产品新版本；

KR2：第一季度结束前找到一家新的品牌代理公司进行合作；

KR3：整合产品内容和新闻，在第二季度初将产品媒体曝光度提升××%。

2. 产品营销人员

O（目标）1：提高品牌影响力。

KR（关键成果）：

KR1：第一季度结束前发布××篇产品相关报道，形成良好的口碑；

KR2：落实产品新版本推送，完成定价、折扣、商标制定；

KR3：第二季度开始前完成竞品分析、成功客户案例分析。

O（目标）2：第一季度获取超过××××条销售线索。

KR（关键成果）：

KR1：每个月发布一次合作快讯和产品迭代信息；

KR2：三月初组织VIP用户交流会；

KR3：三月底前完成黏性较高用户需求的收集，为下季度调整提供依据。

四、销售部门

销售部门是公司以出售、租赁或其他方式向第三方提供产品或服务的部门,主要职责是市场调查、分析和定位,营销策划,品牌推广、市场宣传、产品供应、发货运输、货款结算等,对公司在市场营销工作中是否能满足市场需求起到重要作用。

1. 销售部总监

O(目标)1:在第一季度提高销售团队的效率。

KR(关键成果):

KR1:第一季度内制定并落实销售激励计划;

KR2:第一季度结束前招聘×位金牌销售经理、×位销售人员;

KR3:第一季度结束时制定并落实新的销售认证程序、雇佣规则。

O(目标)2:达成××××年第一季度业绩目标××××万。

KR(关键成果):

KR1:确保每一位销售经理完成或超额完成其既定的业绩目标×××万;

KR2:确保销售团队成员完成或超额完成××%的配额;

KR3:第一季度每月参加一次行业活动。

2. 销售部经理

O(目标)1:在第一季度获取××××条高质量的销售线索。

KR（关键成果）：

KR1：保证销售部门对所有销售线索进行跟进，每条线索不能超过60天未跟进；

KR2：所有销售线索在两周内完成转换或降级；

KR3：第一季度结束前发现新的销售线索。

O（目标）2：第二季度来临前建立新的销售计划和漏斗。

KR（关键成果）：

KR1：招聘××名客户经理，在第一季度结束前完成××万预定销售订单；

KR2：销售漏斗保持在3倍以上；

KR3：发现新的销售漏斗，贡献超过××万销售订单。

3. 销售发展代表

O（目标）1：制定并实施销售发展代表的销售流程指南。

KR（关键成果）：

KR1：第一季度结束前完成电子营销模板的制定；

KR2：培训销售发展代表使用电子营销模板；

KR3：每周给××名潜在客户发送邮件，进行跟进。

O（目标）2：超额完成第一季度的季度配额。

KR（关键成果）：

KR1：在第一季度中旬前为每个层级的客户制定出账户计划；

KR2：第一季度结束前完成××张数据报表；

KR3：第一季度结束前超额完成××万预定订单；

KR4：参加超过××次高端行业聚会。

五、产品部门

产品部门是公司负责产品设计、开发、采购的部门，在此基础上，产品部门还要负责制定公司可持续发展的产品策略，维护产品运营体系与消费者关系管理体系等，是公司能否在市场站稳脚跟的根本。

1. 产品经理

O（目标）1：产品日活率增长××%。

KR（关键成果）：

KR1：联系或拜访超过××名用户，获取用户反馈；

KR2：筛选高级用户，并记录他们的行为；

KR3：分析竞品优势，取长补短。

O（目标）2：开发第三方合作伙伴。

KR（关键成果）：

KR1：第一季度完成对合作伙伴的产品培训；

KR2：第二季度寻找新的供应商并签署目标协议；

KR3：第三季度与优质业务合作者加深合作；

KR4：第四季度结束前与大数据团队合作，制定推广、整合计划。

O（目标）3：在第四季度完成产品相关人员的 KPI（关键绩

效指标）会议。

KR（关键成果）：

KR1：完成包括市场、研发、销售等部门在内的 KPI 会议；

KR2：开发、分析团队合作产品的 KPI 数据表；

KR3：分析普通用户与优质用户，尤其是付费用户的生命周期价值。

2. 设计主管

O（目标）1：确保公司设计风格、语言与新产品保持一致。

KR（关键成果）：

KR1：收集用户对新产品各方面的反馈意见；

KR2：同设计人员一起开会，讨论最新的设计原则；

KR3：调整公司风格，使其可以匹配新产品和品牌的风格。

O（目标）2：第一季度结束前制定新计划推动产品销量。

KR（关键成果）：

KR1：根据新产品特色在一月中旬之前制定出具体的促销方案；

KR2：第一季度内邀请××位知名人士进行产品背书或推广；

KR3：每月以小组为单位开展学习活动，提升设计人员业务能力。

六、客户部门

客户部门以客户满意为服务宗旨，主要负责客户开发、接待，收集、建立客户信息档案，配合推进市场等工作，其服务直接与客户相关，往往关系着客户对公司的观感。

1. 客户成功负责人

O（目标）1：第一季度结束前为一级客户建立手册。

KR（关键成果）：

KR1：一月底前完成一级客户新指南的撰写工作；

KR2：二月底前推出客户支持方案；

KR3：三月中旬完成客户成功模板设计。

O（目标）2：第四季度结束前客户续费率超过90%。

KR（关键成果）：

KR1：第一季度结束前确保每位客户经理完成××位用户续费计划；

KR2：第二季度与每位战略客户的负责人开会，收集相关信息；

KR3：第三季度结束前对每位客户进行商业价值评估，为第四季度提供依据。

2. 呼叫中心负责人

O（目标）1：第一季度结束前确定办公场地。

KR（关键成果）：

KR1：一月底前确定办公场地选址范围；

KR2：二月初拟好并签订办公场地租赁合同；

KR3：三月底前完成办公场地室内装潢。

O（目标）2：第一季度结束前招聘、培训××名员工。

KR（关键成果）：

KR1：一月中旬前制定出新的客户服务制度；

KR2：二月中旬前招聘客户服务经理××名、客户服务专员××名；

KR3：三月底前完成新员工培训。

3. 客户服务专员

O（目标）1：三月底前熟悉××套客户服务话术。

KR（关键成果）：

KR1：二月中旬参加客户服务部组织的话术培训；

KR2：二月底前与同事合作完成话术练习；

KR3：三月底前通过客户服务部组织的考核。

O（目标）2：上岗后保证客户满意度超过90%。

KR（关键成果）：

KR1：保证电话接通率超过95%；

KR2：整理用户投诉意见，提供免费折扣，消除用户负面印象；

KR3：配合上级工作，听取意见。

当然，常见职位不止于本节所介绍的这些，以上职位只是众多职位中比较适用OKR工作法的职位，其他职位的工作者可以结合这些模板，并参照本书所讲的OKR制定、实施方法及自身情况制定出适合自己的OKR工作法。

第 9 章
企业 OKR 的日常运用

　　OKR 是一种新兴的管理理念，但是绝对不是万能钥匙，越是大的企业在导入 OKR 的时候越是困难，OKR 需要社交化辅导让效果达到最大。

大企业的 OKR 导入实操

这几年 OKR 被多次提及，好像所有的企业用了它就会成为下一个"华为"一样。前面我们也提到了 OKR 更适合 IT、广告公司这类技术密集型和做创意的公司。但是在中国，即使是适合推行 OKR 的行业，很多企业在试用了 OKR 之后，也发现结果与预期相距甚远，这是为什么呢？

一、企业导入 OKR 失败的原因

企业导入 OKR 失败的原因有很多，深层次的原因是企业没有掌握 OKR 的精髓，还停留在形式层面。具体来说，失败的原因有以下四种，如图 9-1 所示。

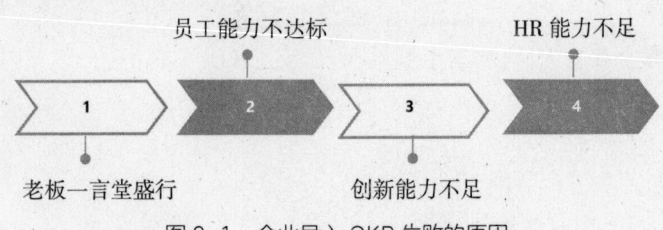

图 9-1　企业导入 OKR 失败的原因

（1：老板一言堂盛行；2：员工能力不达标；3：创新能力不足；4：HR 能力不足）

1. 老板一言堂盛行

很多公司的创始人非常自信，任何事情都要亲力亲为，即使是技术出身也认为自己做营销同样是一把好手，这就导致很多企业依然奉行自上而下的管理方式，老板的话就是企业文化，老板一言堂的结果是所有的 OKR 目标都是由老板说了算，员工根本没有说话的权利，何谈产品创新和业务创新？

2. 员工能力不达标

很多企业在推行 OKR 之后，HR 会有种推不动的感觉。这一方面是因为只有 HR 在推动 OKR，难度非常大，特别是当 HR 还没有实权的时候。另一方面是部分公司特别是传统公司的员工工作能力本来就很弱，他们只能负责一般的常规工作，比如填个表、收集下信息等，你让他们制定一个很有挑战性的目标作为他们的 OKR，根本无法实现。很多员工在填写 OKR 表格的时候都要 HR 辅导很多次，更不要说是具体执行 OKR 了。

3. 创新能力不足

中国的大部分企业"抄袭"的氛围很浓，每当行业老大推出一个新产品，其他企业总会争相模仿。还有不少企业完全靠组装，买了核心零部件之后回来集成。当然这也有客观原因，很多核心零部件需要花费几十亿甚至几百亿来研发，一般的中国民营企业很难有这雄厚的资本。OKR 需要创新，需要技术的支撑，显然这些条件不是一般的企业可以达到的。

4. HR 能力不足

很多公司的 HR 只会发布招聘信息、安排面试、办理入职离职手续和社保，真正能承担起管理员工绩效、激励员工工作的

HR少之又少。很多老板给HR的定义也就是一个业务支持岗位，没有想着花很多钱去请一个有能力的HR。这就导致很多企业的HR不具备推动OKR落地的能力，他们自己部门的目标都制定不出来，怎么推动公司的OKR落地呢？

所以，要推动OKR，企业必须解决以上的这些问题，否则无法将OKR导入企业。

二、大公司导入OKR时面临的挑战

初创公司在导入OKR的时候，一定要确认其在整个公司中扮演的角色，不能仅仅靠从谷歌和领英那里照搬，一定要注意本公司的特殊性和一些不容忽视的细节。

初创公司每天都很忙碌，有太多的事情要做，但是一定要鼓励员工花时间去执行OKR，并且主管要一对一交谈，努力消除潜在的障碍，实现信息和内容的可视化、公开化。此外，一定要要求员工提升技能，特别是那些需要学习或者目前掌握得不是很好的技能。一个销售并不是只有销售业绩目标，他还要将未来的职业规划体现在OKR的目标之中。

当你在茶水间听到员工聊天时都在进行OKR的正面沟通，你的OKR导入就非常成功了。只有员工心往一处想，劲往一处使，每个人都在为公司的宏观目标出力，OKR的效力才能发挥到最大。

对于大公司来说，其实OKR执行起来难度更大，而初创公司人员少，没有完善的绩效管理，正所谓"一张白纸怎么画全看你"。导入OKR之后，初创公司更能将焦点放在核心的战略上，最终形成合力。

大公司虽然也是有目标的，但是它们的产品线和组织的复杂程度超过你的想象，人浮于事的现状和根深蒂固的绩效体系很难通过OKR的导入马上得到改变。虽然有些人对绩效管理的效果并不怎么看好，但是他们坚信如果没有绩效管理体系，员工的敬业度更难保证。

对于大公司来说，每半年或一年更新一次的绩效系统让它们非常疲惫，特别是网站流量这类指标，刚开始完成时会非常轻松，随着时间的推移，指标会越来越难完成，甚至出现倒退。这样的KPI很难再激起员工奋斗的激情，反正完成不了，大家也就得过且过了。

大公司要动员大家做任何事情都是不容易的，正所谓一千个人有一千种想法，本来统一就是一件非常难的事情，更何况要推动企业目标被每个人理解。

一般来说，大公司导入OKR时面临的挑战有以下几种：

1. 目标如何层层分解？

大公司要推动OKR，首先要让全员都知道公司下一步的目标是什么，同时也要让所有人能够理解目标的意义。

从企业角度来说，它当然希望每个人的OKR都能与组织对齐，从而达到"上下同欲"的境界。在一个庞大的集团公司，子公司的企业目标来自集团的目标，本身拆解起来就有一定的难度。多数业务部门只是将目标的数据进行简单的拆解，并没有深度分析这个周期公司主打什么产品，准备做什么活动让业绩达标。业务支持部门的难度更大，比如财务、人力资源、行政等部门，无论企业目标怎么改变，他们在相当长的一段时间里 OKR 的目标可能都是相同的，并且对企业目标的促进作用非常有限。

2. 庞大基数员工的目标管理如何保持一致性？

前面我们也提到，OKR 目标的建立有自下而上的一面，即由一线员工制定目标，最后层层向上，企业在制定的过程中不会施加干预，同时还要鼓励员工参与，其实这本身就是一件非常费力的事情。

制定目标还不是最复杂的，最复杂的事情是提出行动计划和解决方案。想要在大公司达到 KR 的统一，不是开几次会就能解决的问题。

有些大公司一个 CEO 的下面就有十几个副总，抽出时间来辅导下属制定目标几乎是不可能的，哪怕是只辅导两三个副总，都已经是非常艰巨的任务了。所以大公司很容易又走回了将任务分解下发的老路，这就背离了 OKR 的初衷。

3. KPI 和 OKR 能否和平相处？

大企业实施 OKR 的初衷往往是美好的，如突破企业现在的天花板、提升业绩、抢占市场成为龙头等，但是实施起来却困难重重。是用 OKR 取代 KPI，还是 OKR 和 KPI 并行，这是员工非常关心的问题。一方面，他们觉得现有的绩效管理会成为 OKR 执行的障碍，担心KPI限制了员工挑战更高目标的决心。另一方面，他们又觉得如果没有KPI只用OKR，可能就等于没有了绩效考核，员工也就不会再为公司的目标而奋斗。

这种矛盾心理，一般的大公司都会遇到，因为OKR的推动不是靠个人，而是靠整个高层管理人员共同努力，这其中包括CEO、人力资源、运营、战略等诸多部门的负责人，每个人都有各自的想法，综合起来往往是互相矛盾的。人员结构简单的创业型公司在这一点上反而更好，只要理清思路，它们就可以顺利导入OKR了。

三、大公司实现OKR目标穿透的措施

一家大公司怎么做到目标穿透呢？

1. 减少层级

对于大公司来说，要实现目标的穿透，最简单的方法就是让实施主体的层级和数量尽量地减少。一般大公司的层级都有四到五级，基层的组织也有职能部门和事业部或事业群。职能部门也就是我们常说的人力资源部、产品部、市场部、销售部、财务部等等，事业部或事业群往往是以产品线来划分的，比如汽车事业部、农产品事业部等等。

除了事业部、事业群之外，很多职能部门也会根据区域来划分，比如华东事业部会管理华东地区所有市、县的职能部门，华

东事业部的销售总监就负责管理上海、浙江、江苏、安徽、福建和山东在内所有地区的销售业绩。在这种情况下,影响 OKR 运行的关键因素已经不是目标难以统一这么简单了。

2. 深度理解 OKR 主体的目标制定依据

如果你把企业看作是一个人,那么各个部门要么负责输送养分,要么负责新陈代谢。你当然希望每个部门都能着眼全局,能够看到公司未来的发展,但这显然是不可能的。你不能保证每一个部门的负责人都有 CEO 的视野,也不能保证他们每个人都有 CEO 的能力。

从大公司的角度来说,如果你没有深度解析集团的定位,你理解的仅仅是短期的目标,那么你的 OKR 制定逻辑和创业型公司相比并无二致。你只有理解了长期的目标,才能为未来的业务增长和长期的市场运营效果提出有价值的 OKR。

对于职能部门来说,拆解公司目标是一件非常困难的事情。比如:一个公司短期的目标是新增一条产品线,切入新兴市场,这对于行政部来说非常难以拆解,因为采购新员工入职的电脑、桌椅只是常规工作,根本不能列入 OKR。

其实职能部门的 OKR 目标并不一定要与企业的短期目标相联系,你可以从以下三个角度来制定职能部门的目标,如图 9-2 所示。

(1)以客户为出发点

对于大部分企业来说,营收是它们当前最关心的事情,其短

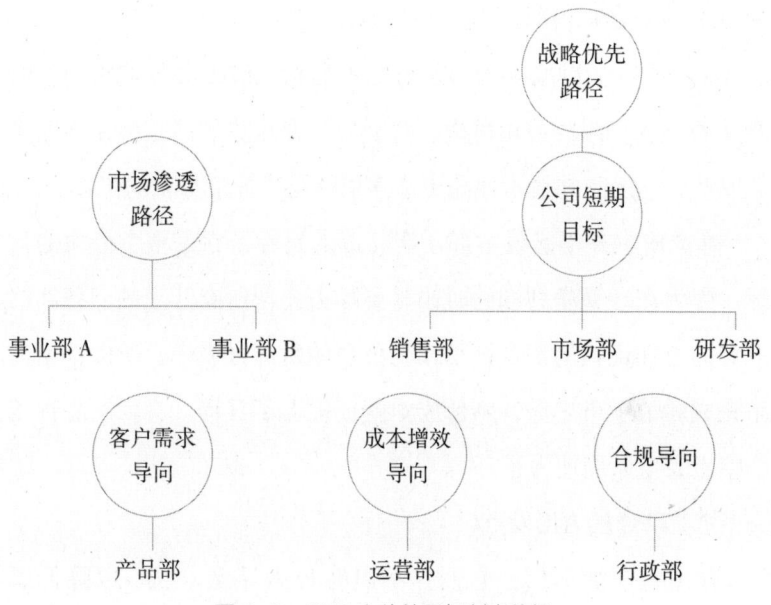

```
                            战略优先
                             路径
                              │
        市场渗透              公司短期
         路径                  目标
       ┌──┴──┐           ┌─────┼─────┐
    事业部A  事业部B      销售部  市场部  研发部
       │                   │      │      │
    客户需求              成本增效         合规导向
      导向                 导向
       │                   │              │
     产品部               运营部          行政部
```

图 9-2　OKR 主体的目标制定依据

期目标聚焦的点一定集中在业务的覆盖、新业务的发展以及新客户的扩展上。常规部门比如市场部、运营部、售后部的目标只要对齐这个大方向,将产品推广好,让投诉降到最低,让客户售后的响应更快、时间更短就可以了。只要能满足客户的需求,提高客户的黏性,无论是什么目标都能够与企业的总目标相对齐。

而技术、人事部门可以将对应职能部门的目标进行分解,以此来作为自己部门的短期目标。比如很多公司的产品部会根据市场部的调研来提出产品的研发需求,技术部则负责将产品设计出来,并满足产品线批量生产的条件。此时,技术部的目标就可以和产品部对齐,将短期的研发项目作为自己的 OKR。

（2）以成本为出发点

这里所说的以成本为出发点并不是指一味地降低成本而忽略产品的质量，因为公司越大，对品质的要求也越高。但是不断降低成本，让产品的技术性能更优秀依然是企业最重要的工作。

降低成本并不是技术部、产品部的目标，它是整个公司的目标，因为在计算净利润的时候是要除去公司所有开支的，各部门浪费的每一支铅笔都会被纳入到公司的财务报表中。所以，当产品完成验证上市之后，降低成本就被提上了日程，直到产品在竞争中走完生命周期为止。

（3）以合规为出发点

有一些职能部门，它们并不以客户为导向，也不以降低成本为宗旨，它们的存在就是为了保证公司的产品符合国家的要求。比如前几年大热的网贷行业，很多网贷平台都有自己的合规部门，主要负责研究合规政策，并推动公司改进以完成备案。当然，这里的合规部门不是仅仅指与网贷行业类似的合规部门，它还包括数据分析部门、流程管理部门，这些部门负责监控整个产品生命周期的全过程，以防范运营风险。

一个大企业作为动态市场的运营主体，在OKR的导入中常常会遇到各种问题，但是只要能牢牢把握住基本的逻辑，就一定可以有效地推动OKR的落地。在执行中，我们一定要注意复盘，及时调整运营中存在的问题。

企业 OKR 的制定原理

在 OKR 的日常运营中,很多人都有类似的疑问:团队目标和个人目标到底哪个重要?团队目标能不能取代个人目标?

马克思主义哲学曾经提到:事物的现象是事物外在的表现形式,可能是正确的,也可能让大家误以为是正确的,因为我们对现象的认识都是感性认识;而本质是事物的根本性质,是事物自身组成要素之间相对稳定的内在联系,对事物本质的认识属于理性认识。我们在认识事物的时候一定要从感性认识上升到理性认识,只有透过现象找到事物的本质,才能得出正确的结论。

找事物的本质,也就是找第一性的问题。亚里士多德曾经说过,每个系统中都存在第一性的问题,它不能被省略,也不能被违反。

一、团队的第一性问题

要回答上面的问题,我们就要去探索团队的第一性到底是什么。可以说当团队和个人的目标南辕北辙的时候,一切的努力都可能白费,只有当个人和团队的目标高度融合,大家劲往一处使,自然就能带动团队绩效实现跨越式提高。

也就是说，当个人对自己和团队的绩效有高度的责任感，并且对团队的绩效责任感更高时，这样的团队就处于最大化收益区域。

怎么证明自己的团队处在最大化收益区域呢？德博拉斯·克朗（Deborath F. Crown）和约瑟夫·罗斯（Joseph G. Rose）曾经做过一个实验，通过调整团队的目标来观察各个团队的最终绩效表现。

实验的过程是这样的：实验邀请大家参与一个游戏。游戏很简单，就是要求团队的成员利用若干个字母来造词，然后用造出来的词再造句。团队中每个人都会得到一些字母，在实验之前研究人员已经专门测试过这些字母的造词难度基本持平。在这个实验中每个人都可以试图去造更多的词，每个人对造句的贡献也会被评估，研究人员同时还会评估团队的整体绩效。

参与测试的所有人根据引导语参加了前测练习，这个环节只有3~4个字母，但是参与者被要求造词越多越好。然后研究人员要求参与者将造出来的词放进个人的词汇表中，同时要求个人根据引导语来使用团队造出来的词进行造句。在30分钟的练习中，每个人的造词都会被放进一张表里，暂时不用于团队造词使用。团队造句则需要个人的每个词都被使用，每个人的造词被使用的个数不设上限。

在正式测试的30分钟里，除了目标条件不同之外，其余的规则都与练习时完全一样。当一个字母被个人造词并在团队中使用时，这个词就会被下架，不准再次使用。为了让团队的造句成绩更好，个人被允许更换其词汇表中的单词。此外，一个人可以将自己的字母贡献给其他成员，但这样组合而成的单词将不计入任何一个个人的绩效。

实验通过随机的方式，将实验对象的目标条件分为以下六种：

（1）没有特定目标：只要尽力而为即可。

（2）一个以自我为中心的个人目标：每个单词至少有3个字母，团队至少造出7个单词。

（3）一个团队目标：个人造词每个词至少有3个字母，团队至少造5个句子且包含所有个人造词。

（4）一个团队目标和一个个人目标：(2)和(3)的综合。

（5）一个以团队为中心的个人目标：个人为团队的句子贡献17个字母。

（6）一个以团队为中心的个人目标和团队目标：(3)和(5)的综合。

所有的目标条件都十分具体且有一定的难度。这次实验一共挑选了350名实验对象，测试难度定为10%可以达到目标。

经过实验，六组目标条件最后的综合绩效如表9-1所示。

表9-1 六组目标条件最后的综合绩效表

目标条件	平均造句数量	标准差
没有特定目标	3.11	−0.84
一个以自我为中心的个人目标	1.88	−1.2

续表

目标条件	平均造句数量	标准差
一个团队目标	3.39	−0.9
一个团队目标和一个个人目标	2.46	−1.07
一个以团队为中心的个人目标	3.01	−0.96
一个以团队为中心的个人目标和团队目标	4.3	−1.01

从最后的结果可以看到，第六组目标条件，也就是"一个以团队为中心的个人目标和团队目标"这一组，团队的绩效是最好的，它甚至比"没有特定目标"这一组的绩效要高出约38%，也明显高于其他四组的团队绩效表现。

在一个企业里，如果个人绩效主义观念盛行，此时团队的表现是最糟糕的。很多企业也意识到这一点，反复强调团队中不能有个人英雄主义的存在，并试图在个人目标之上增加团队的目标，这样确实比仅以个人目标为中心对团队的影响要好一些。但是这种模式还不如只有团队目标而不设个人目标的模式绩效好。也因为这样，很多团队认为个人目标是没有存在价值的，只要推行团队目标就可以了。

但是从实验中我们可以看到，仅仅有团队目标依然不能实现绩效的最佳表现，只有将团队目标和个人目标进行有效的整合才是最佳的策略组合。所以，我们不能再质疑个人目标存在的价值，我们要做的是将个人目标引导到团队的目标上来，让个人既能看到自己的目标，也能清楚地知道自己对团队的贡献度。只有一切围绕团队的目标来开展工作，工作才能做得更好。

拉法斯图和拉森通过多年的研究也得到了类似的结论，他们认为决定团队能否成功的前提是有一个令人振奋且明确的目标。这个观点提到了两个层面的内容，一是团队的目标一定要催人奋进，二是团队的目标一定要非常清晰、明确，这两点都是目标O所应达到的要求。

二、团队OKR的制定

在以往，大部分的工作场景都是这样的：我们每周一来到公司之后，就等待着领导给我们安排工作，因为我们不知道公司正在进行什么项目，哪些工作其他同事已经完成了，哪些工作还没有完成，也不知道提交上去的方案到底还执不执行，是我们一个人执行还是团队一起执行。

在很多公司，团队的目标是从顶层逐渐分解下来的，下属只管执行就好。这似乎是很正常的事情，上级负责思考要做什么，下属只负责做就可以了，下属的执行效果决定了上级的KPI。

也因为这样，公司的目标到了下属那里就变成了单纯的工作指标，就像"建造第一跨海大桥"的目标，到了基层就成了"搬砖"一样。回过头来你就会发现，当一个人的心中只有单纯指标的时候，干什么都没有激情，团队的真正潜力并不能被激发出来。

当基层员工把工作当成任务的时候，领导们只能用"大棒"来"押"着员工工作，这也是很多领导说团队推不动、推一步走一步的原因。即使在这种情况下，公司的 KPI 可能依然完不成，当员工没有信心的时候，大批员工将离开团队，新员工入职又需要很长一段时间来磨合和摸索，最后损失的还是企业。

与之相比，OKR 则完全不同，它通过自下而上的方式来制定团队的目标。这种类似"众筹"的目标管理法最早被谷歌所使用，后来被不少企业所复制，其有效性和普适性得到了这些企业的充分肯定。

OKR 的"众筹"一般是在一次集中会议上完成的，团队主管会召集所有的团队成员，通过自由讨论的方式一起研究出下一个阶段团队要完成什么目标，做好哪些工作，OKR 指标怎么设定等。整个过程的步骤如下：

1. 分析成绩与差距，制定下一步工作方向

团队主管在分析过去工作所取得的成绩和存在的差距后，要给出下一步工作的主要方向。随后，团队主管还要向大家征集意见。当大家提出疑问的时候，团队主管要负责解答这些疑问，确保团队所有的成员都能认可刚才的分析和所提出的工作方向。这样做也是为了给团队后期的讨论奠定基础，避免因各种漫无边际的讨论而浪费时间。

2. 团队进行目标众筹

每个团队成员要结合公司的目标、个人的工作职责和兴趣，

提出下一步团队要完成哪些工作，以及要如何改进自己的工作才能提高OKR的完成率。在众筹阶段，每个团队成员需要贡献1-2条团队OKR，每个主管也需要在这个阶段提供1-2条OKR。

3. 收集所有OKR并阐述其价值，选出团队OKR

团队主管要将所有的OKR收集起来并罗列出来，让每位提交人阐述各自所提OKR的价值和对团队工作的意义，让团队其他成员能充分了解其提出这条OKR的理由。在所有人分享完成之后，所有团队成员进行投票，选出各自心中最重要的3-5条OKR，被选出的这些OKR就是未来的团队OKR。

4. 将选出的OKR交由领导审批

团队主管在综合大家的意见之后，要将最终确定的OKR提交给上级领导，等待上级领导的审批。

5. 定稿后向团队成员正式公示

如果上级有修改意见，团队主管可以对OKR进行调整，或者重新召开讨论会来进行修改。对于变化的部分，主管一定要和团队成员进行充分的沟通，最终形成定稿之后，要向团队所有正式成员公示。

这是团队OKR众筹比较典型的做法，在实际的运行中，也会时常出现时间花费很长、团队反复讨论也无法达成共识的情况。为了加快OKR制定的进度，你也可以将团队分成几个小组，让工作内容相关的人一组，工作类型相同的人一组进行讨论。

比如，你的团队一共有20个员工，其中有5个员工负责A产品线，5个员工负责B产品线，3个员工负责C产品线，其余

7个员工负责D产品线。那么你就可以根据产品线将他们进行分组，这样原来20个人的团队就分成了四个小组，每个小组负责3-5个OKR的输出，最后团队主管组织投票选出最重要的3-5个OKR作为整个团队的OKR。也就是说，这种新模式的流程几乎和OKR众筹的通行模式一样，只是把大团队换成了小组，然后将小组的意见综合起来就可以了。

在OKR众筹中，每个人都参与了团队目标的制定，即使你提出的OKR目标并没有被团队所采用。团队的目标不再由领导"拍脑袋"制定，更加接地气。之前只有顶层才知道的公司目标现在全公司上下都非常清楚，共识度和参与感都大大增强。

曾经有一个实验证明，在传统的目标制定方式下，充分了解目标的员工只占团队总成员的9%，但是员工通过OKR众筹的方式制定了企业目标之后，在调查中团队所有的成员都能非常清楚地知道公司的目标是什么，也就是说这个比例达到了100%。

这说明，公司的目标在OKR众筹之后已经深入大家的内心，大家知道下一步要做什么，也会为了目标而不断奋斗。

▷ 团队OKR执行的社交化辅导

在整个OKR的制定和执行周期内，OKR都是公开的，所以在整个过程中所有成员都会参与其中，这个过程就叫作社交化辅导。

它和传统的一对一辅导有明显的不同,一对一辅导一般是主管直接对个人进行辅导,所以整个过程充满了压力,受辅导人会非常不自在。

你可以想象,当一个主管向你提出意见的时候,你当时的心情是怎样的?为什么很多人不愿意当面和主管沟通,而喜欢用微信打字的方式,这都是源于人们深层次的社交需求。

当年美国全国广播公司(NBC)重金买下了奥运会的转播权,但在 2016 年对里约奥运会进行转播之后却发现数据非常难看,较伦敦奥运会的收视率下降了近两成。难道 120 亿买下的直到 2032 年才到期的奥运赛事转播权就这么打水漂了吗?后来 NBC 经过调查发现,年轻人不是不关心奥运赛事,而是更喜欢通过微博、微信、Facebook 和 Snapchat 之类的社交软件来观看赛事,因为他们可以利用这些软件充分地互动。

所以有时候,我们不能把公司的命运都压在主管的身上,要集中大家的智慧,俗话说三人行必有我师,只有建立一个强大的社交化辅导网络,才能吸收更多更好的建议。

阿莱克斯·彭特兰(Alex Pentland)是全球知名的大数据专家、可穿戴设备之父、MIT 人类动力学实验室主任,曾经研究团队的内驱动力多年,他认为激励团队协作所能带来的收益是激励个人所能带来收益的四倍。也就是说,高绩效团队之所以能够取得好的成绩,原因就在于团队内部具有高度的协同性。

阿莱克斯·彭特兰曾经做过一个实验,证明了他的观点。这个著名的实验就是轰动一时的 2009 年 DARPA 红气球挑战赛。当时这个实验的结果最早发表在美国《科学》杂志上,后来在《美国国家科学院院刊》上进行了进一步的论述。

一、DARPA 红气球挑战赛

这个实验是当时为了庆祝阿帕网成立 40 周年,美国国防部高级研究计划局(DARPA)组织策划的一次活动,实验人员将 10 个红色的气球放在美国 10 个未公开的位置,无论是团队还是个人,谁能最先发现这 10 个红色气球的具体位置,谁就能得到 4 万美元的奖金。

当时做这个活动的目的是测试在紧急情况下,比如灾后搜救时,如何通过互联网和社交网络找到最短时间内解救更多人的办法。

当时报名参加活动的团队有 4000 多支,为了能够激励成员,大部分团队都设计了激励制度,也就是每个成员找到一个红气球之后,团队就会给他一定的奖金。但是最终胜利的是麻省理工学院阿莱克斯·彭特兰的团队,他们完成的时间是 8 小时 52 分 41 秒。

阿莱克斯·彭特兰团队胜利的原因不仅仅在于他们来自名校,成员的智商高,更在于他们的激励机制和其他团队大不相同。

他们团队里的戴夫是第一个找到红气球的人,所以团队给了他 2000 美元的现金奖励;戴夫是卡罗尔推荐的,卡罗尔得到了

1000 美元的推荐费；卡罗尔是鲍勃推荐的，鲍勃拿到了 500 美元的推荐费；而艾丽斯推荐了鲍勃，她也拿到了 250 美元的推荐费。这种奖励模式看起来有点像传销的模式，但是却非常有效。

找到 10 个红色气球的奖金是 4 万美元，那么每个气球的奖金就是 4000 美元，按照刚刚的奖励机制，"2000+1000+500+250"一共才 3750 美元，还有 250 美元可以捐给慈善机构。

二、高绩效激励方案

上面提到的这种激励方案，更公平地激励了每一个个体，团队的协作性被大大地增强了，团队成员会积极将寻找红色气球的信息分享给其他人，让更多的人加入到红色气球位置的搜索之中。同时，大家也不会担心因为别人找到了气球的位置而使自己失去了拿到奖金的机会。

此外，这个工作本身还很有意义，只要团队拿到奖金，那么就有一部分投入到慈善事业之中，就像大家每天拼命走路，通过支付宝的"蚂蚁森林"为环保事业做贡献一样。这种外驱动力和内驱动力相结合的激励政策，可以让个体间的协作达到最大。这套激励政策激励了 4400 人加入阿莱克斯·彭特兰的团队，自发帮助他们寻找红色气球的位置。这 4400 人中有 1/3 身处国外，但是他们通过社交网络动员自己在国内的亲人一起参与活动，就这样寻找目标的时间被大大地减少了。

这个案例说明，团队的力量是非常大的。一个高绩效的团队一定是团队协作最充分的团队。

我们在企业的 OKR 日常运营之中，也要注意将传统的一对一辅导转化为社交化辅导，通过更充分的活动和协同来激发团队的潜力，使团队的绩效不断刷新和提高。

第 10 章
名企的 OKR 应用案例

随着 OKR 的传播越来越广泛，它在企业中应用的案例也越来越多，其中不乏名企的案例。本章主要为读者讲述了五个世界著名公司实施 OKR 的案例，这些公司通过实施 OKR 使自身取得了飞速发展，会给读者很大启示。

🔖 Google,五百强中的佼佼者

你们常用的搜索引擎是什么?有人会说是百度、搜狗、360等等。而你们知道全球最大的搜索引擎是什么吗?没错,就是Google。

Google 的命名还有一个小故事,"Google"一词来源于"Googol","Googol"指的是 10 的 100 次幂,代表互联网上的海量资源。但公司创建之初,肖恩·安德森在搜索该名字是否被他人注册时,将"Googol"误打成了"Google",这便是谷歌的由来。

成立于 1998 年 9 月的谷歌公司,是一家总部位于美国的跨国科技企业,同时也是全球最大的搜索引擎公司,公司由拉里·佩奇和谢尔盖·布林共同创建。

谷歌旗下的业务覆盖范围较为广泛,包括互联网搜索、云计算、广告技术等。除此之外,谷歌还同时开发并提供大量基于互联网的相关产品与服务,公司的主要利润来源于 AdWords 等广告服务。

一、公司如何运用 OKR

OKR 在谷歌是怎么发展的呢?在记者采访谷歌的"OKR 之父"约翰·杜尔时,他说:"在 20 世纪 70 年代时,我第一次在

Intel 看到了 OKR，那个时候 Intel 正在从一家存储芯片公司转型为微处理器公司，而当时的管理团队领导安迪·格鲁夫希望他的员工能专注在最紧要的事务上，以便成功转型。也就是在这个时候，OKR 诞生了。这套理念的创造和应用让我们尝到了很大的甜头，我们都被 OKR 背后蕴含的巨大成效深深吸引了。如果说以前的工作方法是我们前进路上的一座灯塔的话，那么 OKR 简直就是北斗七星，我们毫不犹豫地选择了后者。"

为什么一些大公司能够在 OKR 的实施上如鱼得水呢？

其实，想要 OKR 在公司成功实施很简单，只要公司上下所有人都对 OKR 目标的制定怀有信念，抱有足够的信心就可以了。全体员工要上上下下齐心协力，努力达到目标。当然，这其实也是在考验一个团队的适应能力和执行能力。

在全球爆发的金融危机中，谷歌为了应对这次危机，积极寻求增加营收的方法，将博客作为了创收的突破口，并制定了相应的 OKR。其主要分四步实现，如图 10-1 所示。

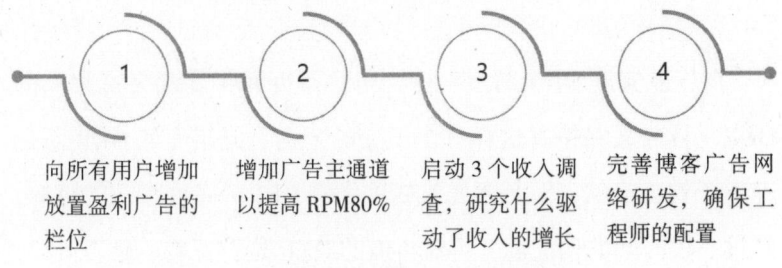

1. 向所有用户增加放置盈利广告的栏位
2. 增加广告主通道以提高 RPM80%
3. 启动 3 个收入调查，研究什么驱动了收入的增长
4. 完善博客广告网络研发，确保工程师的配置

图 10-1　谷歌为加速博客收入增长制定的 OKR

为了增加网站流量，谷歌设定的 OKR 是通过增加 3 个功能点，来获取可衡量的博客流量增长。待流量增长到一定程度后，谷歌再提高博客对 "404 页面" 的处理能力，然后将用户的在线时长延长 15%，借此提高了 30% 的网站浏览量。

之后，随着博客信誉的降低，谷歌又针对这个问题，重新制定了 OKR，如图 10-2 所示。

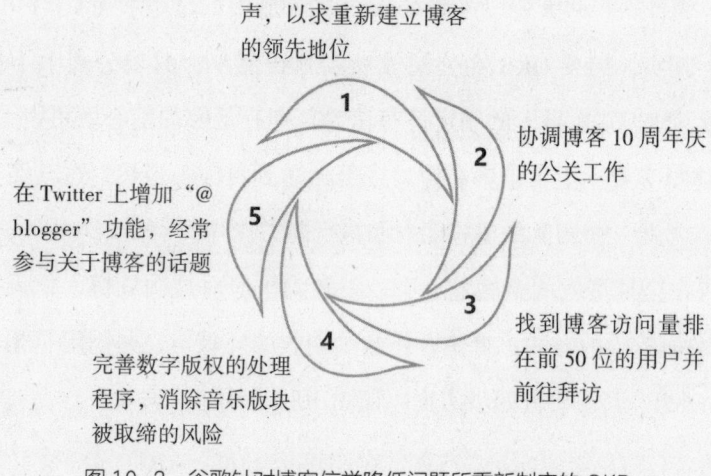

1. 在 3 个业界大事件中发声，以求重新建立博客的领先地位
2. 协调博客 10 周年庆的公关工作
3. 找到博客访问量排在前 50 位的用户并前往拜访
4. 完善数字版权的处理程序，消除音乐版块被取缔的风险
5. 在 Twitter 上增加 "@blogger" 功能，经常参与关于博客的话题

图 10-2　谷歌针对博客信誉降低问题所重新制定的 OKR

在谷歌实施 OKR 的过程中，每个季度和年度都会有相应的 OKR，且一直保持着这样一个不变的节奏。但年度的 OKR 不是一下子就敲定的，而是要先实施季度的 OKR，完成眼前的目标，经过一段时间的验证后，再看年度的 OKR 是否正确、是否可行，并且不断地进行修正，这样才能保证年度 OKR 具有指导意义。

同时，谷歌不仅仅只有公司层面的OKR，公司中的每个人、每个团队、每个层面都要制定相应的OKR。

OKR给谷歌带来了很多好处，它可以促使员工思考，让员工沟通更加顺畅，让每个人都知道什么是最重要的。而从企业的战略角度讲，企业制定OKR还可以激励员工的工作积极性。

二、运用OKR取得的效果

2015年8月10日，谷歌在宣布对企业架构进行重新调整的同时，创办了一家名为Alphabet的"伞形公司"（Umbrella Company），而谷歌成为Alphabet旗下子公司。之后，谷歌在"2015年度世界品牌500强"排行中重返榜首，苹果和亚马逊分别位居第二和第三名。

2016年6月8日，"2016年BrandZ全球最具价值品牌百强榜"公布，谷歌以2291.98亿美元的品牌价值重新超越苹果成为百强第一。2017年2月，Brand Finance发布了"2017年度世界品牌500强"榜单，谷歌排名第一。2017年6月，"2017年BrandZ全球最具价值品牌百强榜"公布，谷歌同样名列第一位。

2018年1月，腾讯和谷歌对外宣布，双方签署了一份覆盖多项产品和技术的专利交叉授权许可协议。2018年5月29日，"2018年BrandZ全球最具价值品牌百强榜"发布，谷歌公司继续名列第一。同年12月18日，"2018年度世界品牌500强"揭晓，谷歌排名第二位。

YouTube，市场份额的占有者

很多人可能都喜欢看电视剧、综艺、电影。对于这些人而言，他们一定会知道这个网站——YouTube。作为世界上最大的视频网站，YouTube创立于2005年，由美籍华人陈士骏等人联合建立。最初，YouTube的业务是让用户下载、观看、分享影片或短片。

在2006年11月，谷歌公司以16.5亿美元收购了YouTube，从此YouTube成为了谷歌旗下的子公司。对于YouTube的盈利问题，谷歌的态度一直非常谨慎。曾经有银行分析师认为，如果按2012年整年计算，谷歌公司通过YouTube可能会盈利24亿美元。

在2014年1月3日，YouTube宣布在拉斯维加斯的电子展上演示4K高清视频流媒体服务。该服务采用了谷歌的视频编辑解码技术VP9。通过这一技术，哪怕是未注册的用户，也可以直接观看视频，而已注册的用户则可以上传无限制数量的影片。YouTube网站的播放极限理论上是21亿次，但这一问题早已解决，现在的播放极限已极大提高。

一、公司如何运用OKR

那么，OKR是如何在YouTube实践的呢？

YouTube 的 OKR 是基于谷歌公司总体目标而设定的。

1. 设定 YouTube 的 OKR 目标为"延长用户的观看时间"

为了实现这个目标，YouTube 制定了三个关键成果：一是提升每天平均的用户观看时间；二是推出适合新操作系统的 YouTube 客户端；三是有效降低视频的加载时间。如果这些关键成果都可以实现，那么延长用户的观看时间，就会变得非常简单。但是，如果这三个关键成果无法完成，或者和预期相差很多，那么说明这个 OKR 的制定出现了某些问题，需要及时进行调整。

2. 结合 YouTube 的未来发展战略设定 OKR

YouTube 未来的发展目标是吸引更多的广告客户，并进一步替代电视。而要做到这一点，也同样有以下三个关键成果需要实现：

（1）引进直播内容，使 YouTube 变得像电视一样，从而慢慢替代电视；

（2）将网络和电视结合在一起，成为一套新的娱乐系统；

（3）积极与提供独家内容的赞助商建立合作关系。

在这一目标中，这几个关键成果看似简单，但都需要花费大量的精力去实现，单是想要替代电视这一点就非常难以实现，毕竟很多人还是习惯于电视节目。

3. 在整个实施过程中，将 OKR 作为一种"沟通"工具来使用

在实施过程中，OKR 会增加员工的参与度，让员工对公司的发展目标了然于胸，从而能够摆正自己的心态，明确自己的位置。

OKR的设定不能只是单一的短期目标或长期目标,而是要将两者结合起来,通过KR的逐步完成,来实现长远的O,这样才能将OKR的作用更加充分地体现出来。

尽管OKR具有非常让人满意的实用性和直观性,但是在公司实施OKR时,也会面临两个比较常见的问题:一是下一步应该做什么,我们怎么知道是否选对了下一步;二是怎么让团队全员的意愿达成一致,聚焦相同目标。

对于第一个问题,最好的办法就是在发现错误后"快速调整",但说起来容易,做起来难。要想做好快速调整,必须能第一时间从市场和客户处得到反馈,并第一时间在组织内部进行讨论、纠正。而解决第二个问题,更是一件非常难的事情。如果想要解决这一问题,大家共同制定方案并执行是一个有效的途径。

二、运用OKR取得的效果

YouTube作为当前行业最大的视频网站,每天会处理上千万个视频片段。YouTube在庆祝8岁生日时的一篇对外博文中披露,YouTube网站的用户每分钟上传的视频长达100小时,如果按一天24小时计算,那么YouTube接收到的用户所传视频时长可达14.4万小时。在2015年2月,我国央视春节联欢晚会也首次推送到了YouTube等境外网站上。

根据美国市场研究公司的测算,美国数字视频广告市场份额在 2014 年增长了 56%，达到了 58 亿美元，其中 YouTube 的市场份额为 19.3%。也许你觉得 19.3% 这个占比并不是很高，但在竞争这么激烈的美国市场当中，可以占到将近 1/5 的市场份额，这也是其他很多企业所达不到的成就。

而在网站用户数量和观看时长方面，2013 年的数据显示 YouTube 每个月的使用量超过了 8 亿人次，总观看时长更是超过了 30 亿小时，可谓遥遥领先于业内同行。

Motorola，凤凰涅槃的重生者

现在手机的品牌越来越多，其中国产的品牌有 vivo、OPPO、华为、小米等等，国外的品牌有 iPhone、三星等等。还有一个手机品牌，也许现在购买的人数没有那么多，但也是当初非常有名气的一个品牌，它就是摩托罗拉。

摩托罗拉公司成立于 1928 年，原来的名字叫作 Galvin Manufacturing Corporation，在 1947 年改名为 Motorola，而名字中的大写字母"M"是从 1930 年开始就作为产品商标使用了。作为全球芯片制造、电子通讯的领导者，摩托罗拉公司是世界财富百强企业之一。

摩托罗拉公司主要有三大业务集团，分别是企业移动解决方案部、宽带及移动网络事业部和移动终端事业部。在 2011 年 1

月份的时候，摩托罗拉公司正式拆分为负责政府和企业业务的摩托罗拉系统公司以及负责移动设备和家庭业务的摩托罗拉移动公司。

在 2014 年 10 月底，联想集团在京宣布，该公司已经从谷歌公司手中收购了摩托罗拉的移动业务。据分析机构称，交易完成后联想成为了当时全球第三大的智能手机厂商。2015 年 1 月 26 日，Motorola 正式重返中国市场。

那么在当初，曾经辉煌的 Motorola 为什么会走向衰败呢？其原因主要有三个：一是战略的失误，在进入新世纪期间，Motorola 犯了一系列战略决策的失误，在许多领域被后来者追上；二是绩效管理的孤立，Motorola 的工程师文化让整个企业内部无法有效地回应市场反馈，研发与市场高度脱节；三是产品规划战略的脱节，Motorola 的每一款产品都有独立的平台，而这些平台的产品大多不能通用，这就增加了生产、采购、规划上的难度。

一、公司如何运用 OKR

Motorola 的重生离不开谷歌的帮助，谷歌在 2011 年收购 Motorola 后，将先进的管理工具 OKR 带入到了 Motorola 中。克里斯·史密斯对于 OKR 曾说过："对 Motorola 来说，目标的制定和规划是一直都有的事情，但是以 OKR 这种形式还是第一次，我们正是依靠这个模板建立了我们自己的 OKR 体系。"

2015年，Motorola正式重返中国市场，并设计了总体目标：重新进入中国市场并获利。为实现这一目标，Motorola设计了三个关键成果，如图10-3所示。

KR1：
通过优秀的研发团队，设计出符合大众需求的手机功能

KR2：
完成 ×% 的市场占有率

KR3：
提升Motorola的品牌美誉度

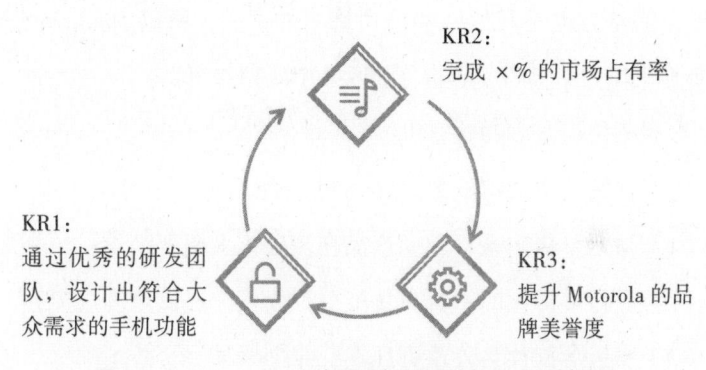

图10-3　Motorola为实现目标而设计的三个关键成果

那么，Motorola是如何运用OKR的呢？

1. 将OKR作为与市场沟通的主要工具

在实现第一个关键成果时，Motorola改变了原本设计团队只专注于设计、缺乏与市场部的沟通、不能迎合市场需求的状况，将OKR作为沟通工具，使市场部制定出自己的OKR目标，并让设计部充分了解到市场部的OKR，从而设计出响应市场需求的产品。同时，Motorola还将混乱的产品采购、生产进行了统一的规划，并重新激励员工，改变了公司原本的以技术为主导的文化，使之形成了以市场为主导的企业文化。

2. 制定合理的营销推广战略并顺应市场趋势

为实现第二个关键成果，Motorola制定了合理的营销推广战

略,使营销思路顺应了当下的市场趋势。在曾经的按键手机时代,Motorola 是一线品牌,而现在 Motorola 为了重新打开市场,对手机价格也进行了重新定位。此外,Motorola 具有悠久的企业文化,其特色也是其他一些公司所不能比的,所以 Motorola 公司将差异化作为了卖点,提高了产品的市场占有率。

3. 多方位提升品牌美誉度

为实现第三个关键成果,Motorola 做出了以下行动:

(1)稳定价格体系,避免产品在短期内大幅度跌价;

(2)进行多样化的手机市场细分,为用户提供更多选择;

(3)积极承担社会公益责任。

除了上面提到的一个总体目标和三个关键成果外,Motorola 还为公司员工制定了许多其他的 OKR,例如研发团队要在一个时间段内设计出具有 3 种不同卖点的手机,市场信息部门要制定出详细的广告推广计划等等。

二、运用 OKR 取得的效果

2015 年 1 月,联想集团旗下的子公司 Motorola 在北京召开发布会,宣布正式在国内市场销售三款 Moto 品牌的手机——新 Moto X、新 Moto G 以及 Moto X Pro。同年 3 月,Motorola 对定制功能进行了改版,支持的产品从智能手机延伸到了智能手表,并可以对 Moto 360 产品进行定制购买。

Facebook,品牌价值的领先者

喜欢社交的朋友都应该会知道有 Facebook 这样一个网站。Facebook 的中文名叫作脸书,当然也有人称其为脸谱网,它是美国的一个社交网络服务网站,也是世界排名领先的照片分享站点。截至 2012 年 5 月,Facebook 拥有的用户数已超过 9 亿;截至 2013 年 11 月,Facebook 上每天上传的照片约 3.5 亿张。

Facebook 成立于 2004 年 2 月 4 日,总部位于美国加利福尼亚州门洛帕克,其主要创始人是美国人马克·扎克伯格。

Facebook 在创立之初的很长一段时间内只是一个简单的网站,后来其业务扩展到了多个方面,开发了多种产品,逐步占据了整个社交领域,例如 2012 年发布的 Facebook Messenger(飞书信)。Facebook 还推进了 Connectivity(全民联网计划),给发展中国家提供了免费的无线网络。再到后来,Facebook 又在 VR、AR、人工智能等新领域中取得突破,形成了完整的生态圈。目前,Facebook 已经成为全球性网站,并且深入到了人们的日常生活之中。

Facebook 在人才管理方面,有一个巨大的挑战:Facebook 员工的平均年龄为 28 岁,多半都是出生于 1980 年之后的千禧一代,而这一代人的特点便是天马行空,对工作抱有一种"工作应该是一件有趣的事情"的心态,而如何让他们觉得"工作有趣"是一

个巨大的挑战。

对于人才的管理,Facebook 并没有按常规的思路来。

首先,公司强调发现员工的优势。Facebook 没有墨守成规,而是为公司年轻的员工制定了独特的管理方法,对公司的千禧一代专注于他们自己的优势采取"放纵"的策略,而忽略他们的劣势,弱化上下级区分,使员工产生"强烈的主人翁意识"。

其次,公司鼓励员工"以下犯上"。Facebook 甚至鼓励低级别员工质疑和批评经理。在 Facebook,职称毫无作用,大家更看重的是工作质量、信念的力量以及影响他人的能力。

最后,Facebook 提倡员工变换工作岗位。在 Facebook 中任职,就意味着员工可以经常变换工作岗位。在新的岗位,员工通常能焕发出新的工作激情。

一、公司如何运用 OKR

那么,Facebook 是怎么运用 OKR 来进行人才管理的呢?其主要分为四步,如图 10-4 所示。

在 Facebook 中,大家在制定个人目标、团队目标以及公司目标时,需要关注对团队和个人有重大影响的事项,要以结果为导向或者以影响力为导向,不要做一些无用的工作。OKR 会让员工在每个季度开始之前想一想,有哪些事情从影响力的角度来说是值得做的,有哪些事情是自己想做的,然后大家取交集,并将若

第 10 章 名企的 OKR 应用案例

- 使 OKR 制度在宽松的环境下运行
- 用 peer review 来进行考核
- 奖金、股票激励与考核结果相挂钩
- 关注影响团队和个人的重大事项

图 10-4　Facebook 运用 OKR 进行人才管理的方法

干个达成目标的手段一并列出。

　　Facebook 没有强制要求全公司上下都去严格执行 OKR，但是公司在实际行动中依然是依靠目标驱动的。大多数团队不使用专用的 OKR 工具来管理目标，而是使用 wiki 系统来列举目标，并用不怎么严谨的方式来跟踪目标。所以，Facebook 拥有非常宽松的 OKR 运行环境。

　　Facebook 把绩效考核交给 peer review 来做，一般是每六个月进行一次，主要分为四个部分：自评、同事评价、直属上司评价和老板评价。员工可以决定考核结果是否开放及被谁看到。公司中一般有 85% 的人选择开放，这就基本上相当于大家相互间都是开放的。

　　Facebook 还将绩效考核成绩与奖励挂钩，使员工的具体贡献能够影响自己的奖励，这也是一个非常有效且能出成绩的管理方式。

二、运用OKR取得的效果

截至2016年底,Facebook已经拥有超过15亿用户,在全球的市场份额高达18%。在2016年6月8日公布的"2016年BrandZ全球最具价值品牌百强榜"中,Facebook排名第五位。公司CEO扎克伯格在2016年的公司会议上表示,他计划在2030年时将Facebook的用户扩大到50亿人。要知道据联合国的统计,在2030年时全球总人口数也不过是85亿人。

随后,Facebook在"2017年全球最赚钱企业排行榜"中,位列第二十名。2018年5月29日,Facebook又在"2018年BrandZ全球最具价值品牌百强榜"中,位列第六名。

LinkedIn,职业社交网站的领跑者

你是否面临着毕业问题?是否还在为找工作而烦恼?为了找到工作,你肯定上过很多招聘网站,那么,你知道现在全球最大的职业社交网站——LinkedIn吗?LinkedIn中文译名为领英,创建于2002年,并于2003年启动,致力于向全球职场人士提供沟通平台,并协助他们事半功倍,发挥所长。

在2002年时,雷德·霍夫曼在自家客厅里与合作伙伴共同

创建了 LinkedIn。2003 年 5 月 5 日，网站正式上线，并在同年秋季展现出自己的潜力，吸引了红杉资本的投资。在 2006 年时，LinkedIn 建立了推荐信、你可能认识的会员等核心功能。

在 2008 年时，LinkedIn 成为了一家真正的跨国公司，在伦敦建立了第一间海外办公室，并上线了 LinkedIn 的西班牙语和法语版。目前，LinkedIn 公司的首席执行官由雷德·霍夫曼担任，公司总部坐落于美国加州硅谷，并在全球 27 个城市建立了分部以及办事处。LinkedIn 在中国也有独立研发团队，开发出了职场社交 App——赤兔。

LinkedIn 的使命是什么呢？它致力于连接全球职场人士，使他们事半功倍，发挥自己的长处。其愿景是为全球 33 亿劳动力创造商业机会，进而创建世界首个经济图谱。

在 2016 年 6 月 13 日，微软在其官方博客宣布，微软和 LinkedIn 公司已经达成最终协议，微软将以每股 196 美元，合计 262 亿美元的价格收购 LinkedIn 公司的全部股权和净现金。

一、公司如何运用 OKR

1. 利用 OKR 进行研发管理

LinkedIn 会利用 OKR 进行研发管理，其实施过程有以下几点值得借鉴：

（1）自上而下设立目标

从公司开始，一级一级向下设立目标，直到员工个人。

（2）对目标进行双向沟通

在对目标进行双向沟通时，需要注意以下两点，如图 10-5 所示。

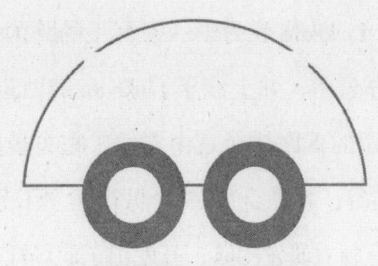

权衡取舍　　一对一交流

图 10-5　对目标进行双向沟通时需要注意的两点

①权衡取舍

员工想做的和管理者想布置给员工的任务一般是不相同的，这个时候，LinkedIn 的员工可以将上级的目标与自己的能力进行匹配，权衡取舍，找到自己的目标定位。

②一对一交流

管理者会和员工进行一对一交流，将上层意见和员工的想法有机结合，以提升工作效率。

（3）公司开会以团队为单位进行

在会议上，不同团队的管理者分别介绍自己团队的 OKR，最后一起进行评估。

2. 利用 OKR 进行绩效管理

在绩效管理中，LinkedIn 的 OKR 运用也有独到之处：

（1）做好架构升级

在 LinkedIn 中，大家经常会提到数据驱动，即很多产品的雏形是通过内部挖掘数据形成的。而公司内部的技术委员会也会给各个工程师部门做一些架构升级，用来平衡 OKR 的短期目标和长期目标。

（2）用颜色来为 OKR 打分

如果你的得分全是绿色，说明 OKR 制定得有问题，目标和自我要求太低，需要得分里有一些黄色才算正常。如果得分里有红色，你首先要和你的上司沟通，让他结合整个部门的 OKR 情况来判断你的 OKR 设定是否合理，是否可以最终实现。之后，你还需要在自己身上寻找原因。

在 LinkedIn 中，OKR 的内容和成绩都是公开的，每名员工的介绍页都会显示自己的 OKR 记录。而且 LinkedIn 鼓励经理把 OKR 分享给下属，同事之间也可以横向分享。

（3）引入 OKR 协调员制度

OKR 协调员制度可以促使各级管理者逐步认识到目标管理的重要性，有利于逐步在公司培育 OKR 的文化。在相关会议上，OKR 协调员会带领大家讨论 OKR 执行的有关事项，提醒成员有效执行设定的目标。这种经常的提醒，慢慢会把 OKR 融入到日常的工作当中，变成企业文化的一部分。

二、运用 OKR 取得的效果

作为全球最大的职业社交网站，LinkedIn 的会员人数在世界范围内不断增长，世界 500 强公司中均有高管加入其中。

在 2013 年，LinkedIn 迎来了第一个十年，公司的注册会员达到 2.25 亿，并以每秒超过 2 人的速度增长。

截至 2014 年 4 月，LinkedIn 的全球注册会员突破 3 亿。与此同时，LinkedIn 开始了在中国的战略布局，在北京成立了全球第 26 家办事处。很快，LinkedIn 简体中文测试版正式上线，中文成为 LinkedIn 的第 22 种官方语言。

2015 年 4 月，LinkedIn 以 15 亿美元收购了在线教育公司 Lynda。2016 年 8 月，职业社交媒体平台 LinkedIn 宣布进军视频领域。